ASSORTED WORDS PUZZLE BOOK

Puzzle #1
Assorted Words 1

```
L G G D V O F Y S F S R H F Q
E W I Q N F U Y F A J X E Y N
D E L P P A R G N I G A V A R
C V R I V M T A A N C V H K M
R X G Y E Z H L I T K U N M O
Y B D O B J E C T L K A R R O
A L S P M O R T F Y T R R C N
S E T A B U C N I F F Y F N S
G K D S I D I S O W N E D G T
Y S M W A P O T H E O S I S R
F X O N D E R A G G E B D H U
M U G D O U B T L E S S X N C
N R M E S M E R I Z I N G K K
A Y B O M A N O R I A L A Y W
H W D S E T A N G E R P M I X
```

APOTHEOSIS   FRAILTY   OBJECT
BEASTLY   FURTHER   RAVAGING
BEGGARED   GRAPPLED   TROMPS
CHIEF   IMPREGNATES
CRUCIFY   INCUBATES
DISOWNED   MANORIAL
DOUBTLESS   MESMERIZING
FAINTLY   MOONSTRUCK

Puzzle #2
Assorted Words 2

```
D  J  O  U  R  N  E  Y  E  D  U  E  J  T  T
S  T  S  S  E  N  I  T  L  I  U  G  P  E  W
P  E  R  C  U  S  S  I  O  N  C  L  G  R  I
J  I  P  O  T  E  T  H  I  C  A  L  L  Y  P
P  K  A  U  V  F  G  N  I  P  O  O  H  E  U
O  O  B  I  O  A  D  F  E  V  R  Q  A  M  R
D  U  G  U  X  R  S  A  T  K  E  T  U  L  P
S  E  T  K  R  B  T  T  Y  R  O  L  A  V  O
T  P  K  B  A  R  R  T  N  T  U  M  P  H  S
I  E  N  C  O  E  O  I  D  H  I  M  D  L  E
F  W  Y  B  A  U  N  E  T  T  A  U  P  X  L
F  B  D  V  K  P  N  S  M  T  C  V  R  E  Y
E  Q  D  U  Q  O  X  D  P  I  L  L  I  F  D
N  L  W  B  B  G  N  I  T  U  P  E  D  N  D
S  E  Z  I  R  O  M  E  M  E  V  S  R  G  G
```

BRITTLER	GUILTINESS	PURPOSELY
BURRO	HAVING	SAVOR
DEPUTING	HOOPING	SNEAK
DULLER	JOURNEYED	STIFFENS
ETHICALLY	MEMORIZE	TROUPES
FATTIES	OUTBOUND	TRUMPED
FILLIP	PACKED	VALOR
FRUITY	PERCUSSION	

Puzzle #3
Assorted Words 3

```
S E T A C I R A V E R P H V S
F T A G B I S D N I B L Q N H
E E D W D T R E K K E D A Q O
X U S N V E N A T T I E S T R
G N I T A C S I F N O C T V T
T D W J I E W U Z E P B E P C
U E A I U V C H S N I A R B H
S R N G Z N E A E I G P S R A
H P N G S S S L T E M F H R N
U L A L A Q C E Y S Z F K S G
N A B E J M J V T P U E X H E
T Y E S K C O L D A E R D R S
I O S E D S A M U T T S C E Y
N A C I D Z M S R E T U O W F
G S E I T L A Y O R Q I M L H
```

ASTERS	MAGNET	SHORTCHANGES
BINDS	MISUSED	SHREW
BRAINS	MUTATES	SHUNTING
CONFISCATING	MUTTS	TREKKED
CRUSTACEAN	NATTIEST	UNDERPLAY
DREADLOCKS	OUTERS	WANNABES
FESTIVELY	PREVARICATES	WHEEZED
JIGGLES	ROYALTIES	

Puzzle #4

Assorted Words 4

```
N A S M B X Y D E H G U O R I
U G I C W D E M O H T A F C N
S U O U G I T N O C M W H R D
S L A T N E M A D N U F B E I
C N X R E T L I F U O A G D C
T L G T S G N O M A X T E I A
D N E L A N I G R A M A U T T
R A I A G G R I E V I N G A I
U O Z A N R C H Y E F O H B O
G K F F R L T X C V Q A D L N
G O D B Z T I B M W O Q F Y S
I W G N I S S E R P M O C E D
N N D I I A U N S Q U I R T S
G O V U L A T E O T C W H G B
U R R E T H G I F C Y P H P N
```

AGGRIEVING   DRUGGING   OVULATE
AMONGST   FATHOMED   ROUGHED
AUTONOMY   FIGHTER   SQUIRTS
CLEANLIEST   FILTER
CONSTRAINT   FUNDAMENTALS
CONTIGUOUS   GROOVY
CREDITABLY   INDICATIONS
DECOMPRESSING   MARGINAL

Puzzle #5
Assorted Words 5

```
C D Y S G E T N A I L O F E D
S G E R C Y K J Y K Z C P C Q
R U Q M E L L A Y F R D T D P
Y E R S A K A T C Z I A S S J
D A V I S N N S R E H L X H F
G E D O V E K I S E S J L G V
L N D M S A R C H I V E D O M
L Z I I I S E T I T N O E B M
Y O J W R S O F S N E E D H I
A L E X O E S R Y E I E S D C
M M I B A B D I C K C P R S W
S E I T S A L P O I G N A F J
Q E Q M T A U E O N O R A I B
V C O M M A N D M E N T S J K
U O N X J W C U R T A I L G R
```

ADMISSION	CROSSOVER	OVERTLY
ANCESTRESS	CURTAIL	VIRUS
ANGIOPLASTIES	DEFOLIANT	
ARCHIVED	DERIDED	
CATTILY	ELBOWING	
CHEESECAKE	FREETHINKER	
CLASSINESS	MOLLIFY	
COMMANDMENTS	NICKNAMED	

Assorted Words 6

```
Q E S S E N E S U F F I D M D
H I T D Q D S E F A K U J E I
A E S U E U O H Y U C W O T N
F Y X F M V I O O Q E H T E E
L K I E F M A Z R R N F R O F
I D T U C U O P Z B T T E R F
P V S N Y U B C B I E E A I I
P S H T E I T E N I N L D T C
A B O O K M A R K I N G L E I
N E M E R G E D I W I K I S E
T G N U R T S N M X A K N I N
L S A D I S T K O U L R G Z T
Y N O M I R T A M T S U Y T L
D J U N K I E S U V A V G Z Y
L G Q H Y P E R T E N S I O N
```

ATONEMENT
BOOKMARKING
BUFFS
CENTENNIALS
COMMUTE
DIFFUSENESS
DOORBELLS
EMERGED
EXECUTRIX
FLIPPANTLY
HYPERTENSION
INEFFICIENTLY
JUNKIES
MATRIMONY
METEORITE
NINETIETHS
PAVED
QUIZZING
SADIST
SHORTED
STRUNG
TREADLING

Assorted Words 7

```
A P G N I D N A B S U H R M J
E G U N L A R E D E F S E I B
I M P E R M A N E N T W N S C
G O S T U N L E Z A H I D G O
P V K C E I L I N G S N I O N
A O H C A O R P P A D G T V N
N D V J B C U S M R A S I E I
T T E B F E X T C M E Y O R V
H S S D L N L T G O S B N N I
E I P E N T I P S R R D U S N
I L G G H E R A M H O I S A G
S X N H W S T Y H U R W N B D
T Q A H E I A T L C R U T G W
S C T L O S P R A S P C N H G
X A P B K R T Q B O P Y X K S
```

AMNIOCENTESIS	CRUMPLE	OUTGROWTHS
APPROACH	DAUBER	PANTHEISTS
ARMOR	FEDERAL	RENDITION
ATTENDED	HAZELNUTS	SCORING
BRASHEST	HIGHEST	SHRUNK
CEILINGS	HUSBANDING	SWINGS
CHAIN	IMPERMANENT	
CONNIVING	MISGOVERNS	

Puzzle #8
Assorted Words 8

```
V I G I L S P A L P A T I O N
Z Y E N M T N E I C S E R P R
S E N I L T S A O C G R R C Q
O N E G O R D Y H T R A E H K
S S E C O N D I T I O N I N G
S M R I F F A O G I N S E N G
R C J Q L P O R T R A Y A L S
E L C A N N I B A L I S M B I
T A N G L E D Y N Y G O S I M
H O I U T S O L L I D A M R A
K E M S E D E C C A W S B A G
M E A N I N G S L C M M P V E
M U R D E R E R S C A T T E R
G J Y N Y J S T N A D N O F Y
H I F D I N E R E R E E H S R
```

ACCEDES	GAINS	MURDERERS
AFFIRMS	GINSENG	PALPATION
ARMADILLOS	HEADY	PORTRAYALS
CANNIBALISM	HEARTH	PRESCIENT
COASTLINES	HYDROGEN	SCATTER
CONDITIONING	IMAGERY	SHEERER
DINER	MEANINGS	TANGLED
FONDANTS	MISOGYNY	VIGILS

Puzzle #9

Assorted Words 9

```
F  R  W  O  E  N  A  C  T  M  E  N  T  A  D
I  J  I  D  F  F  S  R  E  D  A  V  N  I  J
N  G  N  I  T  C  U  R  T  S  E  D  Q  W  P
C  M  C  S  I  O  C  D  E  T  A  E  L  P  T
I  O  E  T  S  Q  K  U  A  N  W  K  V  C  H
N  D  C  O  O  I  Q  C  R  Q  G  V  Y  M  R
E  E  Q  N  B  T  G  H  C  L  Q  I  D  D  E
R  R  A  I  L  I  U  M  H  C  E  V  S  I  A
A  N  S  E  L  K  N  A  A  Q  E  W  Y  O  D
T  I  Y  S  V  N  K  S  N  O  L  O  C  C  C
E  S  O  T  A  M  R  C  G  A  B  Y  V  E  A
C  T  D  S  U  O  R  P  E  L  U  O  B  S  W
C  H  I  N  C  H  I  L  L  A  S  Q  Q  E  Q
Y  J  Y  L  R  E  B  O  S  Z  W  K  A  M  A
Y  L  L  U  F  T  H  G  I  L  E  D  O  G  U
```

ANKLES
AQUANAUT
ARCHANGELS
CHINCHILLAS
COLONS
COSIGNERS
CURLEW
DELIGHTFULLY

DESTRUCTING
DIOCESE
ENACTMENT
INCINERATE
INVADERS
LEPROUS
MODERNIST
PLEATED

SIGMA
SOBERLY
STONIEST
THREAD
WINCE

Puzzle #10
Assorted Words 10

```
G N I H C N U P S D E F F U M
D E T I B I H X E T A K V D R
S L C G N I R E H T A E F I E
P E A R T H E N W A R E P S D
G N I R O L P E D Z O G U C E
S R G C Y L L I S S L P R O V
H E S R A M D E L P O E P N E
O H H O Y R O A T O V H O T L
V A R S S L C A S H E D R E O
I B U S U T I U O C S H T N P
N B G W N O T K A R T E E T M
G I G A K K R C W E C I D I E
G N E L E E I M P A R G L N N
C G D K N S C M F K G U Y G T
Z N H S E D A G E N E R B E Y
```

ASHED	EXHIBITED	REDEVELOPMENT
BUREAUCRACIES	FEATHERING	REHABBING
CITRIC	GAWKILY	RENEGADES
CREAK	LOVES	SHOVING
CROSSWALKS	MUFFED	SHRUGGED
DEPLORING	PEOPLED	SILLY
DISCONTENTING	PUNCHING	SUNKEN
EARTHENWARE	PURPORTEDLY	TOKES

Puzzle #11
Assorted Words 11

```
G V N S N O I T A V I R P E D
J S E T A T I V A R G R D Q Q
D L D E S E G R E G A T E D N
Q A V V D E X O M M U L F H E
B V C G A B E R D I N E S G W
C E J N O I T U N I M I D C S
R R C O N Q U E R E D C E J L
O S S H P A R G O E R O H C E
I B H S N E M K L I M T U E T
S A T T E N T I V E N E S S T
S I S E S I C M U C R I C H E
A T V P V L B D E C N A U N R
N E G H J O W O R S H I P E D
T D E I N O H D O H J B D P H
S L L E S E R R X B D N S Z A
```

APPAREL   DEPRIVATIONS   NEWSLETTER
ATTENTIVENESS   DESEGREGATED   NUANCED
BAITED   DIMINUTION   RESELL
BOOBIES   FLUMMOXED   SLAVER
CHOREOGRAPHS   GABERDINES   SLAVERS
CIRCUMCISES   GRAVITATE   WORSHIPED
CONQUERED   HONIED
CROISSANTS   MILKMEN

Puzzle #12
Assorted Words 12

```
Z N C L A C S I F V A H U F X
R A O X P O D I U M S O M D N
E Z B S U N S W R A D S E H M
F L I A I F J F A L I T X Y Y
I Y N C R A I N R E M E T P P
N N B X U B I V C X I S O O R
A C R G S B A L H H N S R C I
N H E A D E D R D V I I T R D
C I D V L D P U I E S N I I E
I N I O W W E X O A H G O T D
N G T K N X A B C J N H N E M
G S P O O W S Y E D S S J S V
M D E G G E P T S I M A G I B
O Z F D E B R I E F I N G S B
Z K S I S E L B M E S S I D E
```

ALWAYS
ARCHDIOCESE
BARBARIANS
BIGAMIST
CHINO
CONFABBED
DEBRIEFINGS
DIMINISH

DISSEMBLES
EXTORTION
FISCAL
HEADED
HOSTESSING
HYPOCRITES
INBRED
LIAISON

LYNCHINGS
PEGGED
PODIUMS
PRIDED
REFINANCING
SWOOPS

Puzzle #13
Assorted Words 13

```
Y I X J G N I L L E P S S I M
S U R Y P A P T H E A T E R E
J C J D I A L I N G S O S R X
A M O V E R T H R O W F R F E
H D G E Y H K O O B R E V O C
M Y V N E Q U I V A L E N T S
R A I E O W D M C Y G W F D L
V E N G N I N O I T P A C T I
Z N T S P T S G W D E R B L T
S K A A A Z U N D I I Y L I T
H Q G B W R E R A E T F Y V I
X G E Y O K D A E P Q C I Y N
G N I T F I H S A R X M H E G
G O T J R E T N A T T E L I D
P R I S O N E R S F R O V R B
```

ADVENTURER
CAPTIONING
DEHUMIDIFIED
DIALINGS
DILETTANTE
EQUIVALENTS
EXECS
EXPANSION

MANSARDS
MISSPELLING
OVERBOOK
OVERTHROW
PAPYRUS
PRISONERS
SHIFTING
SLITTING

THEATER
VINTAGE
WATER
WITCH

Puzzle #14

Assorted Words 14

```
J P P G N I W E R C S K R O C
L S R E I L T S O H G U P J O
T E E W S R E T T I B E B X N
D L C H X D E N E E D I N G F
R F T X B S L L W L I S Y C E
U I C I E V M A D U A D G J C
G Z Q U M D B U U N E H E C T
G Z S N A I R A U Q I T N A I
I I K N R Z L Z R N E K T I O
S E F M C Z X D I B I O X O N
T S Y M H Y R Z B N E T C D E
S T U Z W G S E L A P L N S R
Y R E K A B A N A L E R L O X
U F A U Y N L O N E R S X C C
U S D L O H E S A E L S H T F
```

ANTIQUARIANS
ARCHWAY
BAKERY
BANALER
BARBELL
BITTERSWEET
COEQUAL
CONFECTIONER

CONTINUUMS
CORKSCREWING
DIZZY
DRUGGISTS
EXCEL
FIZZIEST
GHOSTLIER
INHALE

KINDLE
LEASEHOLD
LIMIT
LONERS
NEEDING
PALES

Puzzle #15

Assorted Words 15

```
R  H  Y  D  E  Z  I  T  I  S  N  E  S  E  D
A  O  T  L  D  A  Q  L  B  G  Y  I  W  U  R
S  C  T  R  S  E  C  U  D  N  I  L  B  A  E
K  N  K  U  I  U  Z  B  O  P  T  M  X  A  A
R  D  E  P  N  B  O  T  R  I  X  S  V  A  M
E  G  P  G  H  D  E  M  I  T  S  I  M  L  L
M  P  N  P  I  Z  S  R  O  L  W  O  D  I  A
O  P  A  I  N  T  E  R  S  N  B  U  L  Q  N
V  Q  E  R  N  E  N  B  U  C  O  L  I  C  D
E  I  X  P  E  I  M  A  F  M  Z  T  P  S  K
R  P  H  D  U  S  A  E  D  S  V  N  U  W  Q
S  O  G  J  C  O  N  T  R  I  V  E  S  A  M
P  O  S  H  I  N  G  Q  P  I  I  B  P  R  T
F  O  R  E  W  O  R  D  D  A  E  K  C  M  I
S  L  E  E  T  I  E  R  U  S  C  S  J  S  W
```

ANTIGENS	EMERIES	REMOVERS
AUTONOMOUSLY	FOREWORD	ROTUNDS
BLITZED	INDUCE	SERAPE
BUCOLIC	LAXLY	SLEETIER
CAPTAINING	MISTIMED	SWARMS
CONTRIVES	PAINTERS	
DESENSITIZED	POSHING	
DREAMLAND	REBIRTH	

Puzzle #16
Assorted Words 16

```
M A S L A T N E M U R T S N I
O P C S E I T I N I F N I X U
C E G C A X E K B I G W I G S
C R X N E Z A R B D E S R U P
A C S D E L Y I P P E E S L V
S E B T E C E F Y P T R C E M
I N B E N I H R Y V O O R G E
N T K K M E F E A U L Q I I N
S I R B E C M I E T Q F P S I
Y L O E C A E W L R E T T L N
Y E N F V N B E O P I D U A G
G S E B R D I O D D M N R T I
G S R K M O A M T G N A E E T
G N I T A R G I N E D E M S I
R L W X D E N O U E M E N T S
```

ACCELERATED
ADVERT
AMPLIFIED
BIGWIGS
BRAZEN
CANDOR
CHEERINESS
DENIGRATING

DENOUEMENTS
EMCEED
ENDOWMENTS
GROOVY
INFINITIES
INSTRUMENTALS
KRONER
LEGISLATE

MENINGITIS
MOCCASINS
PERCENTILES
PURSED
SCRIPTURE
YIPPEE

Puzzle #17
Assorted Words 17

```
F V P G S P S N O I T A L B O
C O M C N S E O D A C O V A F
S I D U C I R R I J Y V E I U
T C V S T H N E I J O K R T N
E R C U W I U I T L V L D H D
E C W H D I L R H T A Y I D A
P U O L A T N A C C I I C E M
L A R C T I M G T H A F T I E
E D K G K T R D E E Y M O G N
J M E T H S D E E R G A A N T
A Y R U K X C P D H S S R E A
C K S S L A C O V W C H N D L
K E T A C I D E M V H T K J L
S S T S I T T E R B I L E Y Y
S Q U I N T E V I T S E R F J
```

AGREED	FITTERS	RESTIVE
AVOCADOES	FUNDAMENTALLY	SQUINT
CANTALOUP	LIBRETTISTS	STEEPLEJACKS
CHAIRED	MACHINING	SWINGERS
CHURCHYARD	MEDICATE	VERDICT
COCKSCOMBS	MUTILATE	VOCALS
DEIGNED	OBLATIONS	WORKERS
FETCHED	PERIL	

Puzzle #18
Assorted Words 18

```
T B U T E F A I T H S O M S M
C S C D X Q S G R N G L X T U
E L E L C B D R N S Q S G I T
N B A I I I D N E I P V F G I
T O Z T L T N E I B Y J V M N
E Q I X N T O C N K B A Z A Y
R O E T C E R R H O N A L S I
P U S P A R R O I I R A J F N
O A N D Y N F L P S N H M N G
L S S E N T I W E Y E G T U X
U P S I D E S M D I O S G E H
B L A B B E R M O U T H S L D
J Z H O T T E S T B V R E Z I
G V Q D T S E I H T A E R B T
W G N I Y A C E D L I P V Q H
```

ABOMINATION	DETHRONED	PORTLIEST
BITTERN	EYEWITNESS	RENTAL
BLABBERMOUTHS	FAITHS	STIGMAS
BREATHIEST	FLAYING	UPSIDES
CENTER	HOTTEST	
CINCHING	HUMANKIND	
CLITORISES	JABBERS	
DECAYING	MUTINYING	

Puzzle #19
Assorted Words 19

```
Q D E T A I R O C X E O J S P
A N C P S G N I V I D E S O N
B L U F F E R E C L N E F C B
M G O F U Y L O D V A F E O I
I D S N O I T A M A G L A M A
S U S E E W L G M L W I R M N
A E W T N R J A B S V A F U N
N S I S I E E C E E I L U N U
T T N S E F V W S M K D L A A
H A A O A I M N O W E V L L L
R M D V I T F O O L O C Y L C
O P E P E L S F C C L T E Y H
P E D R Z R L C I S J E W I D
E D T E W D N E E J I X M O P
S E E T U S R I H E C D S L K
```

ALONE
AMALGAMATIONS
BIANNUAL
BLUFFER
COMMUNALLY
CONVENES
DISCOMFITS
DISMALEST
ECSTASIES
EXCORIATED
FEARFULLY
HELLIONS
HIRSUTE
JIFFIES
KOWTOWS
MELLOWER
MISANTHROPES
NOSEDIVING
PIECEMEAL
STAMPEDE
TAVERN

Puzzle #20
Assorted Words 20

```
P D M Q Y B B A R C L L W Y F
O A E H C D E G T T E A A L S
T R Q T N T O N D O P E Y E C
A C Y K A A Z U C I N L Y G O
S F A C U L T Y C L Q E M I T
S G G A D L U U S H O P D T C
I E S I U E A M G P I S Y I H
U O B E N G L M I N E N E M A
M O I H S K U D B S A L G A U
F R A M I N G S R S S R L T N
X R S A L V E O T U K I O I C
S P A R S N I P E E C I D N H
J N O E G R U S X S R F N G I
H Z Y Z Y F I T N E D I G S N
S P H O M E T O W N S A R M G
```

ATONED	EXPENSES	LEGITIMATING
AUGUSTER	FACULTY	ORANGUTAN
CRABBY	FRAMING	PARSNIP
CURDLED	GINKGOES	POTASSIUM
DISSIMULATED	HAUNCHING	SALVE
DOPEY	HOMETOWNS	SCOTCH
DOUCHING	IDENTIFY	SPELL
ENCLOSE	LAMBSKINS	SURGEON

Puzzle #21
Assorted Words 21

```
D E S S O R C S S I R C D A I
Q P G R A V E L I N G Q D I N
B P F Y E U L G N I R I A P T
P E S S T B N A M S E N I L E
A M A L G A M A T E S F P C R
P T R U U D I A R R H E A O R
U L R Q T M E H C T A W S D O
L B T O S E S O P M O C E D G
V F O S P C O N N I V E R S A
E D F C O M M U T A T I V E T
R T N E R R O T S J F M D E E
I D E Z I L A C O L L R K O D
Z Y R A N E C R E M Y V D D E
E L A C I H P A R G O E G T Z
S N U T K G L I T T E R I N G
```

AMALGAMATES
BEAUTEOUSLY
CAMBERS
COMMUTATIVE
COMPORT
CONNIVERS
CRISSCROSSED
DECOMPOSES
DIARRHEA
GEOGRAPHICAL
GLITTERING
GLUEY
GRAVELING
INTERROGATED
LINESMAN
LOCALIZED
MERCENARY
PAIRING
PULVERIZES
SLUMS
SWATCH
TORRENT

Puzzle #22
Assorted Words 22

```
F N O I T A L O P A R T X E Y
I G S V G N I Y S E O P N W L
R S N O I T A S R E V N O C R
E V M L B H L S T E P P E D E
B V C R U P F L A I L E D D C
O S I B L A Y A H M S T Z K E
M D B T W K I I H K Y Y U S D
B S E S A C K N A R C T N C I
I M E L R R F U G S H A H S N
N I B N K D E Z Z I H W H I G
G R J O S S E N L L I R H S C
C K X K D E T C E F F A S I D
Z S N U B S M Y S G W Y G B J
I T F A R D R E V O E B P P H
Q O O S E T A I D E M D U O O
```

BULWARK
CONVERSATIONS
CRANKCASES
CUTLERY
DEGENERATIVE
DEMESNES
DISAFFECTED
EXTRAPOLATION
FIREBOMBING
FLAILED
MEDIATES
MYTHIC
OVERDRAFT
POESYING
RECEDING
SHAHS
SHRILLNESS
SMIRKS
SNUBS
STEPPED
WHIZZED

Puzzle #23

Assorted Words 23

```
D F O X H C T E R T S E M O H
L G N I K I H H C T I H Q A Y
A N O I T A V R E S N O C U Q
B R B X D N O I T A R E D O M
O M G N I S I H C N A R F N E
R B G N W W C L A S S Y H X Z
I M B A I Q L A E K L J H C P
O I E E N T A I L I N G B A H
U N S R S S E G A R E V E B O
S S E R Y W G K R A I S A L T
L T T A N O I T C A E R C I O
Y R S E B I B M I O V K H N E
S E H S E E T F A R D K T G D
M L Q R H K E M I T L A E M F
S I N S E C U R E L Y E Q A T
```

BEACH
BESETS
BEVERAGES
CABLING
CLASSY
CONSERVATION
DOCKETING
DRAFTEES

ENFRANCHISING
ENTAILING
HITCHHIKING
HOMESTRETCH
IMBIBES
INSECURELY
LABORIOUSLY
MEALTIME

MINSTREL
MODERATION
PHOTOED
REACTION

Puzzle #24
Assorted Words 24

```
E  L  K  R  O  Q  U  A  D  R  U  P  L  E  S
G  N  E  X  E  R  O  M  R  E  V  E  R  O  F
U  G  A  R  B  T  D  J  F  L  K  J  K  A  M
E  C  N  E  I  R  E  P  X  E  G  C  I  O  L
P  C  N  I  C  P  W  E  F  U  R  Z  O  S  E
C  C  J  H  N  A  M  Z  L  M  I  T  D  J  O
R  O  D  F  S  O  R  Z  O  F  L  G  I  G  R
O  L  A  Y  Y  F  I  N  O  S  R  E  P  L  I
W  L  I  L  S  E  I  S  I  A  D  H  M  Z  E
S  X  G  G  E  J  Z  K  S  V  B  J  G  Y  N
E  F  N  L  H  S  O  C  C  I  O  O  Y  X  T
U  S  S  E  N  T  C  A  X  E  M  R  Z  I  A
K  S  T  O  D  G  I  E  S  T  B  M  O  G  T
X  C  M  E  R  G  A  N  S  E  R  S  O  U  E
C  S  Y  Q  S  L  I  N  G  S  H  O  T  C  S
```

CARNIVOROUS
COALESCE
COMMISSIONING
CROWS
DAISIES
EXACTNESS
EXPERIENCE
FERTILE

FLEETER
FOREVERMORE
JOCKED
LIGHTING
MERGANSERS
ORIENTATE
PERSONIFY
QUADRUPLES

SLINGSHOT
STODGIEST

Puzzle #25
Assorted Words 25

```
R S L I E U T E N A N C Y H J
R E K I N O M I S C R E A N T
M L D P L K D E D E P M A T S
T S Y N E V I S S E R P E D V
P O F J E P O F P V D A H Q P
U N F E S M N O N V E R B A L
Y K Y F S G N I T A O C E C S
V A I L A T I N E G V A O H C
D E T A U D A R G A A H G O O
M E P C E W A L G S M O I E O
O R I A X X P C R R G O S S T
Z S S P S T A R T E D T N M E
T M W E E K T H G U O S E B R
O M H S A N N A D N A B I O S
S C H L E P P D A N K L Y W U
```

ACTUAL	FESTAL	NONVERBAL
BANDANNAS	GENITALIA	SCHLEPP
BESOUGHT	GRADUATED	SCOOTERS
CAHOOTS	HERDED	STAMPEDED
CAPES	LIEUTENANCY	STARTED
COATINGS	MENDER	
DANKLY	MISCREANT	
DEPRESSIVE	MONIKER	

Puzzle #26

Assorted Words 26

```
S Z Q M R E F I T T I N G K D
S R Z A S Y T H A W I N G S A
S K E S N E V I L D N Y I Q C
D T N T E S H B W U B P M U N
D O S U S K E C L P R O P E R
D K W A M A D T A U U R U A D
W C I N E P C E A E R M R L I
A N K T S Y I S D C P T E S A
L D K S E I L H T N O M I B Z
L H T M P S Z V C R I L I N H
E C N E R E F E R P O C S J G
T A B L E L A N D S R P S I F
Y L B A T C U L E N I R S E D
M X H G N I L I A T N E R P R
F N T N E M T R A P E D R G M
```

BIMONTHLIES
BLURTING
CHIPMUNKS
DEPARTMENT
DISLOCATES
DOWNSIZED
ENTAILING
IMPEACHES

IMPURE
INELUCTABLY
KITES
LIVENS
PREFERENCE
PROPER
REFITTING
RESCINDED

SPORTSCASTERS
SQUEALS
TABLELANDS
THAWING
WALLET
YEASTS

Puzzle #27
Assorted Words 27

```
L  L  L  Y  P  R  O  S  E  C  U  T  O  R  S
P  W  E  A  G  S  S  L  Y  S  W  J  Q  X  U
R  D  B  L  C  N  D  E  E  L  R  N  R  N  G
E  R  E  L  E  I  I  N  I  G  E  O  Y  V  Q
S  T  K  I  I  C  N  X  I  R  U  S  D  N  R
C  E  N  T  S  N  T  A  E  W  O  M  R  N  G
R  I  I  E  D  P  K  I  H  D  N  T  E  E  I
I  L  G  R  R  D  O  S  O  C  N  U  C  S  T
B  S  O  A  A  E  E  I  D  N  E  I  L  E  I
E  F  L  T  H  T  C  K  B  E  E  M  O  B  R
S  K  L  I  X  P  I  T  A  B  V  E  R  Z  J
R  E  D  O  R  E  O  N  U  E  U  E  R  X  H
D  B  L  N  P  E  B  S  G  A  U  J  I  E  L
X  W  D  V  D  P  P  X  E  I  I  Q  E  H  D
F  L  A  U  N  T  Y  O  E  W  D  H  S  B  T
```

ALLITERATION	FLAUNT	PRESCRIBES
BIOPSIED	FLOPPY	PROSECUTORS
BLINKS	INDEXING	RECTORIES
DIGNITARIES	INDORSE	SQUEAKED
ELECTIONEERED	LEGUMES	TERSELY
ERECT	LORRIES	THIEVED
ESOPHAGI	MECHANICAL	UNWINDS
EXTOL	PERILS	

Puzzle #28
Assorted Words 28

```
M O W C P A S T E U R I Z E P
X G K C L O W N E D V Q J L E
A X T O P A R A L Y Z E D S N
Y L S U O M I N A N G A M C I
R M N C H S U R B L I A N O N
E R U H O Y R B V R W D D L S
F E D L T A A A S O R E Y D U
U S I O T U N N N A Y F Z I L
R P T R V I O A K K X A W N A
N I Y I E A P M T S L C N G R
I R F N R N P L M L Z E T T G
S I T A B O Q S E I U D S M S
H N D T O L Z X X X M S W Q V
E G Y E S X G N I R E F F O V
S L P D E R O P S Z U D O N N
```

CHLORINATED	NUDITY	RESPIRING
CLAIRVOYANTS	OFFERING	SCOLDING
CLOWNED	PARALYZED	SPORED
DEFACED	PASTEURIZE	SULTANA
MAGNANIMOUSLY	PENINSULAR	VERBOSE
MOUTH	RANKLES	YANKS
MULTIPLEXED	REFURNISH	
NAILBRUSH	REFURNISHES	

Puzzle #29

Assorted Words 29

```
O O P M A H S T Y R L P R O C
S C I N T I L L A F E J E N P
S H R I V E L S E I I D H D N
S R E V O T F E L K L R N X W
S T S O P P M A L F F O A A O
M E N T A L I T I E S B R C S
V N D A S E T U H C A R A P S
S I Y Y L G N I V O R P S I D
U W Z U K L P J E V A R G N E
B M Q O G A A Z D E T T I N K
J I F X R F C G T R U B Y W K
E J P R O S K R T T R C G L S
C S V D U P D E I S P O I B Y
T F O O T N O T E D A X E T O
S E S I T C A R P H V Y U F Q
```

ACRID
BIOPSIED
COVERTS
DISPROVING
ENGRAVE
FOOTNOTED
GALLANTS
GROUT
KNITTED
LAMPPOSTS
LEFTOVERS
MENTALITIES
PARACHUTES
PRACTISES
SANDER
SCARIFY
SCINTILLA
SHAMPOO
SHRIVEL
SUBJECTS
TAILOR
VIZORS

Puzzle #30
Assorted Words 30

```
V M S I R A I G A L P Z P N L
G Y Q L O U D N E S S Z J N G
N O T I O N A L H L M O A O S
D E N I A D S I D D O B M N I
S E T A R U G U A N I A M E N
M S L E X A G G E R A T I N G
R A Y L L U O F W N D T N T E
G C L L A Y R R A C I L G I R
Q D R U B B I N G I C E S T V
C L I P P I N G S P K M N I B
G A S T R O N O M Y I E A E W
Z L N S E S U F N I E N R S B
F A I N E R M Y K N S T L O B
V T S E D N U O R O A S E B M
S R E T S N U P G L F C D R G
```

BATTLEMENTS	EXAGGERATING	NONENTITIES
BOLTS	FAINER	NOTIONAL
CANNONBALLED	FOULLY	PLAGIARISM
CARRYALL	GASTRONOMY	PUNSTERS
CLIPPINGS	INAUGURATES	ROUNDEST
DICKIES	INFUSES	SINGER
DISDAINED	JAMMING	SNARLED
DRUBBING	LOUDNESS	

Puzzle #31
Assorted Words 31

```
W D P G N I D D U T S P A R B
R F S M Z Y L E F I W L S E Y
L E L S A Y Y N C W Y U O C E
U A R A E C X I H V H X R O R
P R S U N N N Z O M J U C N C
P F S R S O T E I C Z R E S H
S U O R O V I N R A C I R T E
O L Y I E T K T U U H A E I L
R A T L U E A E N L M T R T I
I N Q G X Z J R Y E B E V U U
A K Y B B A H S E L V D P T M
S I M E L B O R P T C N F E A
I E V X S N I P G N I K O S O
S R P E N S I O N E D Q P C R
T W I E C N A T S N E P P A H
```

BLUNTNESS
CARNIVOROUS
CHOIR
CONVENTIONAL
DENIZEN
ENCAMP
FEARFUL
HAPPENSTANCE

HELIUM
ITERATORS
JEERS
KINGPINS
LANKIER
LUXURIATED
PENSIONED
PROBLEM

PSORIASIS
RECONSTITUTES
SHABBY
SORCERER
STUDDING
SURER
WIFELY

Puzzle #32
Assorted Words 32

```
R X T A H K Z S R E H S U P L
Q V U J T C D O R M A N T E F
S T O L E N N E F M J B V A S
V K E P F E L U N W B O J E L
J O T T I N G S L O D B S H N
E T H I N N I N G J Z T T V I
D E I R T C A V A L C A D E B
V R C I M E L O P S I I L N B
P F V G O G G L E W F L J B I
X I G R A V I T A T E D E R N
W F V S K C I R P N I P A A G
B G S D R A P O E L W C Z C U
Z Y R E L L U C S P S A X K J
S K C A R C H A N N E L L E D
S N R O B W E N D E N N I T S
```

BLAZONED	GOGGLE	PINPRICKS
BOBTAIL	GRAVITATED	POLEMIC
BRACKET	INFLUX	PUSHERS
CAVALCADE	JOTTINGS	SCULLERY
CHANNELLED	LEOPARDS	STOLEN
CRACKS	LUNCH	THINNING
DORMANT	NEWBORNS	TINNED
EXCITE	NIBBING	TRIED

Assorted Words 33

```
G  S  T  R  D  S  R  E  G  N  I  R  R  E  D
V  T  M  E  X  E  D  O  C  T  P  V  P  I  I
P  I  A  G  L  C  D  R  T  Y  Z  W  L  S  E
X  F  N  A  M  P  C  L  E  A  C  V  H  I  T
Z  F  G  L  S  E  A  Q  O  I  R  C  E  V  I
I  E  L  I  V  R  D  C  Q  F  K  E  Z  Y  C
N  S  E  C  I  F  E  N  E  B  D  C  M  C  I
V  T  S  K  P  V  Q  T  K  O  W  N  I  U  A
E  G  N  I  M  M  U  G  A  W  T  S  I  P  N
T  T  O  N  T  F  A  S  C  E  F  M  R  L  S
E  A  O  G  O  L  C  V  L  L  H  U  M  U  B
R  K  Z  S  K  S  Y  M  R  O  G  E  R  E  D
A  I  E  S  E  V  I  T  P  M  U  S  N  O  C
T  N  S  E  C  N  A  V  I  R  T  N  O  C  L
E  G  G  N  I  M  R  O  T  S  N  I  A  R  B
```

- ADEQUACY
- BENEFICES
- BLINDFOLDED
- BOWEL
- BRAINSTORMING
- CAPLET
- CODEX
- CONSUMPTIVES
- CONTRIVANCE
- DERRINGERS
- DIETICIANS
- GUMMING
- HEATERS
- INVETERATE
- LICKINGS
- MANGLES
- NUMERATOR
- PICKIER
- ROGERED
- SNOOZES
- STIFFEST
- TAKING

Puzzle #34
Assorted Words 34

```
S B U D R A H C R O U U A N J
S E R S G S G N O Q H S I S S
U A P E H N M S P S Y C H O O
D N W H I W I U T N I M F H B
S E C D M R L L R U F G T N R
S E L L U O A C L D B S N A I
N T L Z A S V W V E N B M S Q
P T N F Z S T E K X V U L Q U
I O L E F U P S M T T A N Y E
G O T D I A M E T E R S R O T
T Z X S W R N Y D R N D C G C
A X Q Z N A O S G O V T U N X
I V I C T U A L R U N V S Y F
L K Q S N I G H T S H I R T Z
Q Z P E R S I S T K U K O Q W
```

CONUNDRUMS ORCHARD STUBBLY
COSIGNS   ORIENTS UNCLASPED
DEXTEROUS PERSIST UNSTOP
DIAMETERS PIGTAIL VICTUAL
GRAVELLING PSYCHO   WARIER
MOVEMENTS SAWDUSTS
MUZZLE   SNAFFLES
NIGHTSHIRT SOBRIQUET

Puzzle #35

Assorted Words 35

```
T N E M T S I L N E T I E Z S
R D S E N O T S H T R I B B H
E K B X B O R R O W E W S D O
E F Z G O B I H F I Z Z I E R
W X A S N R N S E K K C G M T
M L O A S I K I N B T L R C E
I D U T P E P C M E O M D K N
L Y L L I F N O A I C R O W I
D T G S L C D I O S D S C T N
E E Q E K A S E G C Y G A I G
R M L I L S B E V G E N E S M
J B V E J E R Y V A A Q N T U
M V C Y E S D X P G P B F U W
K C O N T R O V E R T S I D G
U K J D X H C R E I T H G I M
```

ASCENSION
BAGGINESS
BIRTHSTONES
BORROW
BRIEFCASES
CONTROVERTS
COOPING
CREELED

ELEGY
ENLISTMENT
EXOTICS
FIZZIER
GUNNYSACK
LULLABY
MICROBE
MIDGET

MIGHTIER
MILDER
PAVED
SHORTENING

Puzzle #36

Assorted Words 36

```
V O R H E T O R I C A L P R P
D Y I P S S V U S O T R A M S
S E A N Y H O W O E O U W P Q
Y E T Y V Q Q R Z D I D I Q X
F B S A L E S V G X T R O A C
C T I S R T R R S E T I E O O
O N S A E O I S E R L I V M V
M R O I G N M C I I E L B D E
P S E I C N I E I O L D A I T
A S M G L I I S M L N L N R O
N M L D R L R L U M P S O E U
I K Z K T E U Y G B O M W C S
O F F T B S M M L N D C I T L
N V E I Z O O L F R A Y S L Y
S W I N D L I N G A X J E Y H
```

ALLEGROS	EMERIES	MULLION
ANYHOW	FLOOZIE	RHETORICAL
BUSINESSES	FRAYS	SENDERS
COLLIERS	IMPLICITLY	SWINDLING
COMMEMORATED	INVERSIONS	TRAMS
COMPANIONS	JANGLING	VOODOO
COVETOUSLY	LYRICIST	
DIRECTLY	MERGER	

Puzzle #37
Assorted Words 37

```
N X C F Q H D S P M O L N P Q
A A S H I W O C G I M P C T N
Y D S U I G Q G O N Z B X F H
S N M E U V N S G R I Z Q D T
E E C I I F A I N E D R A V D
A X T E N C T L S Y D I A Z X
R M C S V I N S R S T I A E Z
T A U U A Y S A E O O S I L B
H D L S S T L T T I U L A U S
L O T U S A R B R L K S F H Q
I O T I B E B E I A U C L D X
E M A W R U D L T R T S U Y X
R I P R B A T V E F R E N M R
G N I L O S N O C G A O S O X
B G Q H E A R T F E L T H S C
```

ADMINISTRATES	EARTHLIER	MUCKIEST
AFTERTASTES	EXCUSABLE	MUSSED
BEARINGS	FAINED	PIZZAZZ
CHIVALROUSLY	FLOSSING	TUBULAR
CONSOLING	HASTY	
CONSULTANCIES	HEARTFELT	
CORDIALS	HOGGED	
DOOMING	HORRIBLY	

Puzzle #38

Assorted Words 38

```
K T P Z J M O Q T S I O F O S
W S S A Q R P R A W C Q S X U
M M L K S T E M G D X X M Q L
I S A X E T J F E Y N F H V F
S O C C X Q I U I R G E S H U
T U K D H I R M F N G M G V R
I P S Y A O V E E S E E G A Z
M Y Y F U J S E D E O S R C C
E B G Z S R E E E D Y T Q S O
S A P A T H E T I C A L L Y N
F E B R I L E C I V M I Y B F
H P E O V R E S I C V E S Y I
R O U G E D P M M O L I G L N
B S R E P P I R T S H A D H E
L A I V I R T N O N N C C N S
```

ADDER
AGENDA
AISLE
APATHETICALLY
CALCITE
CHOICER
CONFINES
DIVVIES

EMCEE
EXHAUSTIVE
FEBRILE
FOIST
MACHO
MERGERS
MISTIMES
NONTRIVIAL

PASTIME
REFINES
ROUGED
SLACKS
SOUPY
STRIPPERS
SULFUR

Puzzle #39

Assorted Words 39

```
T H A I M P O S T E R S I A J
I K F P R O B O S C I S E S L
L N S L A V I V E R B K L N I
S A I D E M I T L U M E M S N
P V C O A U T H O R S L T U F
R E A I A P I J E O Z E O M U
E R X R T L R S S C Q T D O R
A Y B G B S B E T H K A D N I
D A Y Z F O U A O P Q L L O A
S P D J B M R O C C I A E O T
C M P U P A L V C O C E R D I
D E L L O R C S I A R U C L N
R I G H T E O U S T U E R E G
G N I S S E Y F L E A S S D R
S T N E M E C N U O N E D R G
```

ACOUSTICAL
ALBACORES
ARBORVITAE
COAUTHORS
DENOUNCEMENTS
FLEAS
HECKLED
IMPOSTERS

INFURIATING
KNAVERY
MULTIMEDIA
NOODLED
PROBOSCISES
PUPAL
RECEIPTS
REOCCUR

REVIVALS
RIGHTEOUS
SCROLLED
SKELETAL
SPREADS
TODDLER
YESSING

Puzzle #40
Assorted Words 40

```
D X T N E M P O L E V N E S R
G E G Z F I N D I C A T I V E
P N W N L O Z G G S T F N D M
I B I O I Z U P A N B K A C A
M I H V L R S N G L I M W M M
P R J M L L E D D V A Y U C M
R T S S N O I T R E S S A J A
E H E T R T S B N A R Z T B L
S P P G E E D S T U W I O P I
S L F M N H T G I O O R N C A
I A J U G I C I R D O C A G N
V C O M S Q W T B I H L L E S
E E G N T S Q T A R S O I D R
L S R E P E E L S R A L T N Q
Y S S E N D E D N A H H Y D G
```

ARBITERS
ASSERTIONS
ATONALITY
BAYING
BILLOWED
BIRTHPLACES
COUNTERING
DISSOLVING

ENVELOPMENT
FOUNDERING
FUSSED
GALAS
GRISLY
HANDEDNESS
IMPRESSIVELY
INDICATIVE

MAMMALIANS
RATCHETS
REARWARDS
SLEEPERS
TOOLING
TWINGE

Puzzle #41
Assorted Words 41

```
S O J U D G I N G U P R G E M
N R U Y T D C W R E A K E D E
Q F E C O S E O W D A Y J F N
R Z A T S R R R N K X A S E S
I O C N S S L E E S Z I V S W
M Y T O R K E I G F E A T T E
B R C U N D C N M N F N K I A
E E O R B F R U H B I I T V R
C C G V A I I A H S O T D E A
I E A U N P R D U Q I S S L D
L P H T T S P T E G O L G Y D
I T P A E W R I N N D I U R E
T O X X R R F Z E O T U V M F
Y R I P S V E B R S C L M U S
P G R A P E F R U I T S Y D P
```

BANTERS
CATERER
CONFIDENTLY
CONSENTED
CONTRIBUTOR
CRAPPIEST
DIFFERED
FESTIVELY

GRAPEFRUITS
HUCKSTERS
IMBECILITY
JUDGING
LIMBOS
MENSWEAR
MUDGUARD
MULISHNESS

RECEPTOR
STINGERS
WREAKED

Puzzle #42
Assorted Words 42

```
H G N I Z I R U E T S A P P P
V D O Y L T N E R E H N I O R
Q U E B I M P A C T E D C M I
X E W H L D S E Z S C Q K P N
T B R D Y A S M R N T E A O T
S I A R K D Z E U T E A F N E
S E O R N S R O C R A D F I R
T Z G G G Z O A N N E I A F S
E M B A N A L I T I E S N C S
N Y E U R O I Z K E N D U E C
C H K J D E B N M I D G A K D
H T E L R E V O C M O T X C O
I M A C I N G A S U M M E R S
N T A P E R E D K M F W J R Z
G N I T C E F F E T S G K S U
```

AVERAGES	DEHYDRATED	PERTAINED
BANALITIES	EDGED	POMPON
BARGAIN	EFFECTING	PRINTERS
BLAZONING	IMPACTED	SERUMS
BONGO	INHERENTLY	STAFFS
CADENCES	KIOSK	STENCHING
CADENZA	MACING	SUMMERS
COVERLET	PASTEURIZING	TAPERED

Puzzle #43

Assorted Words 43

```
O  I  N  S  T  I  N  C  T  I  V  E  L  Y  C
N  T  J  P  P  X  D  K  T  O  U  M  Z  L  M
U  J  N  W  Y  A  A  A  F  T  I  B  U  A  K
A  T  O  O  C  S  V  M  U  J  V  Z  I  M  A
E  D  U  J  I  M  O  E  I  J  N  K  B  P  L
S  I  E  X  K  T  C  F  M  L  L  V  E  O  L
T  V  O  B  G  N  A  S  H  E  C  P  S  O  I
A  O  L  B  I  S  D  E  E  N  N  I  E  N  T
B  R  A  E  W  T  O  A  N  P  D  T  T  I  E
L  C  R  R  A  O  E  S  W  I  I  E  S  N  R
I  E  P  C  H  F  S  D  Y  C  L  R  K  G  A
S  D  O  S  N  O  I  T  R  O  P  E  T  N  T
H  H  S  U  O  Q  S  N  A  R  L  D  D  S  I
E  S  H  I  R  T  N  M  G  L  R  S  K  O  O
D  V  R  Q  M  K  E  P  R  O  P  E  R  K  N
```

ALLITERATION	GNASH	SCOOT
ANTICLIMAX	INKED	SHIRT
AVOCADOES	INSTINCTIVELY	SNARL
BESETS	LAMPOONING	STRIPES
DEBITED	LEAFING	
DELINEATION	PAVEMENTS	
DIVORCED	PORTIONS	
ESTABLISHED	PROPER	

Puzzle #44
Assorted Words 44

```
B D E R E T S U L F T S K P T
N Y E P O S E U R S K N U P S
M B A Q S P I N O F F D X X S
T A T V U J Y O N U S O E R L
R Q D R A I N A G E D T H U E
O S A N O R V A H V C I R S E
L H R P E N B O T J G N C S T
L E A E P S U A C M P G O E E
O E J H T O S S L A R S R T D
P R N B O N I T O E T M O T H
S I U Y V I A N C B D E L I Y
U N R A T E D C T R O N L N K
S G U Z S E I G R E L L A G Y
T N E R E V E R R I D N R C Z
I M I S R E A D I N G S Y Q P
```

ALLERGIES
APPOINTED
BONITO
BOSUN
CANDELABRA
CANTERS
COROLLARY
DECIDUOUS

DOTINGS
DRAINAGE
EQUIVOCATE
FLUSTERED
IRREVERENT
MADNESS
MISREADINGS
POSEURS

RATED
RUSSETTING
SHEERING
SLEETED
SPINOFF
SPUNKS
TROLLOPS

Puzzle #45

Assorted Words 45

```
C S T Y L E S D J X V F B T R
C O N Y R T R H U R K D X U Z
I S N O I T A T S E R O F D W
E L S C L O R A T O R I E S Q
X K F E A A P R E A C H E S K
C Y X T H T A R U P M V N M
U E F F A C E S S W B W E G E
L I N H U M A N P T C T N L D
P T H V Q Z H O A R H Z T I I
A M J F Z M O B P T E M R B C
T F G Z C O M P L I E D A N A
E H S E G A E L I M K S L E T
D E T N E V L C L O Y E D S I
A M I S O G Y N I S T A C S N
L P O L L S T E R S P K Y B G
```

ASTHMA	GLIBNESS	POACHES
CHEEKY	HOMELY	POLLSTERS
CLOYED	INHUMAN	PREACHES
COMPLIED	JUSTER	STYLES
CONCATENATES	MEDICATING	TALONS
EFFACES	MILEAGES	VENTED
EXCULPATED	MISOGYNIST	VENTRAL
FORESTATION	ORATORIES	

Assorted Words 46

Puzzle #46

```
J N O I S U L L I S I D Z I N
J G N I Y F I N O S R E P O Z
Q C H S C I T A M E L B O R P
F R H O N O R A R Y O T J Z W
R E M G M L W E T P Q Q R I I
E B S P N E E H G R K T S N D
W R D R Z I C T E E A C H C O
O O W E A Z B O A L N M B E W
R A V F L O I B M N P C P D E
D D B A C E R S E I I S I L D
I C I B Z N S P E W N L L E E
N A I S G S T N U O F G L T S
G S S R A E W T U O N P S O D
M T M A N I R A C O N A R Z P
E L B A H S I N U P C U C I A
```

- CANOES
- COUNSELED
- DISILLUSION
- FOUNTS
- HOMECOMINGS
- HONORARY
- OCARINA
- OUTWEARS
- PERSONIFYING
- POLLINATE
- PREFABS
- PROBLEMATICS
- PUNISHABLE
- REBROADCAST
- REGENCIES
- REWORDING
- TRAMPLE
- UPROARS
- WEBBING
- WHELPS
- WIDOWED
- ZINCED

Puzzle #47

Assorted Words 47

```
R U D O N J B J F A M O U S J
K E S U P O K Y R D G V K I H
D E I G P D N O L N E O J M N
E X T B N I V P R I O K R U D
S D W X U I N X A N R W S L F
C R I E S R L N F R E E W A Y
R L D R V R N B O E E R E T T
I O D C O D E X M V Y I Y E P
P O L F H L L L P U A S L P U
T P E L K M H O B A B T J S S
I I D Q N H R C A B P G O F S
O N E X C O R I A T I O N R E
N G N I T A S L U P H R O K S
S T L O C O M O T I V E D S N
Q K A T S T R A I N E R S E E
```

BUMBLINGS
CHLORIDE
CODEX
DESCRIPTIONS
DRIBBLERS
EERILY
EXCORIATION
FAMOUS

FREEWAY
INNOVATORS
LOATHES
LOCOMOTIVE
LOOPING
NONPAREILS
ORNERY
PAPOOSE

PULSATING
PUSSES
RUBIER
SIMULATE
STRAINER
TASKED
TWIDDLED

Puzzle #48

Assorted Words 48

```
A D T R N T I J S G P Z X T E
T C E J E D E K O V E K W A O
H G P C S L E P C B Q W P R P
E P A A R L F P U U B U H M P
I K P Y C O E Y U D M E O A L
S R A K R K F V C R D H R C A
T A L R G T E N R N D L C S Y
S K A E B T I T E A A A E S O
R C U S T A R D S T M M U D F
G O Y B S E Z T N I L B R Q F
E R T I G H T S Y A D Q M O S
T R E S P A S S E R B Y K J D
S S G N A W T R O O M I N G R
S B Y O T P Z V I S I O N E D
V X E C N E C S E D U R C E R
```

ATHEISTS
BANDITRY
BEAKS
BLINTZES
CUSTARDS
DEJECT
DORMANCY
ENFORCED

EVOKED
JOBBERS
MARVELS
PACKETS
PAPAL
PASTOR
PLAYOFFS
PUDDLED

QUADRUPED
RECRUDESCENCE
ROOMING
SCHMUCK
TARMACS
TIGHTS
TRESPASSER
TWANGS

Puzzle #49
Assorted Words 49

```
S S D P D E N O R I S U N K H
O C U M C S X S E I Z U R E S
X G T S O A D T I P W H S D O
K W S U N D I N E N U S N C I
I K K S D S E W A N K T O D I
C A T H E T E R S L D E F K N
N F D H M N R H A E N I R O S
I O I W N P E I C T H I B S I
Y L I D N A H R Z T O S A L D
F H D X M Z Z G A W U R U M E
S A I R E T S I W B Q R S H S
C G E F N N Y R E J O I C E D
W N O I T A N I M R E T E D P
Q N O L I G M O D E R N I T Y
P B P J F N U N C O U P L E M
```

BARENESS	HANDILY	SEIZURES
CATHETERS	HUSHES	SINKERS
CONDEMN	INSIDES	UNCOUPLE
CONNEXION	IRONED	WISTERIA
CRUTCHES	MAINLANDS	
DETERMINATION	MODERATORS	
EXTENDIBLE	MODERNITY	
FLOGS	REJOICED	

Puzzle #50

Assorted Words 50

```
T S A S G B M R M W H G Y L Q
I X C D E L T K E C A F H R B
D D M I Q M O S A F Y F V E L
S I B M T J I W E O I M S X A
W E S W A E S T W G N E M T S
E F R I A R H E N O G O H E P
T O Y T N A T L E R I I R H
L O S C I T O U S D T M B M E
A T Z Z M O E M D E O F S I M
N W A J X O G G I S A O O N O
D E D D I R G D R Z G N G A U
P A T C H I N G U A E F A T S
L R S E I L R E V O T R C O L
M A L F U N C T I O N E S R Y
Y V S E I L O P O N O M S A F
```

ANAESTHETICS
ATOMIZERS
BIGGEST
BLASPHEMOUSLY
DIMWIT
DISINTEGRATES
EXTERMINATOR
FOOTWEAR

GLOWWORMS
GOITRES
GRIDDED
HAYING
HEIFER
MALFUNCTION
MARAUDS
MONOPOLIES

OFTENTIMES
OODLES
OVERLIES
PATCHING
WETLAND

Puzzle #51
Assorted Words 51

```
E V I T A V I R E D Z S T U X
T S E I R E T T I J K T W N P
O C O R D O N S F S B L P O A
R G O C S U P B R U S T L E S
A Y E N F U R E X L G X C S T
N D V S T Z O J D F C W U T E
G J T R D E J E X D C M D R U
E N S N E R N K S G V G G O R
A W I X E K A T G U N M E N I
D C O H F M C U I S A O L G Z
E H Y N C I E A G O T N I E E
S H L T N R L L J Y U O N S S
D G F D D I A M C I D S G T J
N D G G N B W M E N H O L I Y
O G P P A P P E N D I X B Y B
```

APPENDIX
BIGOTS
BODYGUARDS
CONTENTIOUSLY
CORDONS
CUDGELING
DEPORT
DERIVATIVE

FILMED
GUNMEN
HIJACKER
INCLEMENT
JITTERIEST
MARCHING
NAUSEOUS
ORANGEADES

PASTEURIZES
RUSTLES
STRONGEST
WINNOW

Puzzle #52
Assorted Words 52

```
U Q N O T A M O T U A W P G C
Y I N C O M P E T E N C E M F
W Z J R P S R E D N I L B A Y
D E T A N O B R A C Q F D N R
C H A M P I O N S H I P G G F
S A L B A C O R E S A E U L R
D L H H I D M T O R Q U E I E
Y N L T S T E H C O R C S N N
V H A I U R D R G M Z P S G Z
I L N L R R X N E N O E I G I
Z B Q W M H T E U D I D N C E
E S T I M A T I N G L C G A D
H P R O F F E R E D L U I Y L
G G N I N E K R A E H U O D Y
M O R A L I Z E D H G P Y B V
```

ALBACORES
AUTOMATON
BLINDERS
BOOMED
BOULDERED
CARBONATED
CHAMPIONSHIP
CROCHETS
DICING
DREAMLAND
ESTIMATING
FRENZIEDLY
GUESSING
HEARKENING
INCOMPETENCE
MANGLING
MORALIZED
PROFFERED
THRILLS
TORQUE
TRUTH

Puzzle #53
Assorted Words 53

```
H  L  T  I  N  H  E  R  I  T  A  N  C  E  M
A  A  E  S  G  O  R  F  F  L  M  P  B  R  L
S  E  S  A  E  N  H  G  B  X  U  L  P  E  N
S  D  X  E  M  I  I  V  A  P  D  A  O  T  L
M  N  O  L  V  O  N  L  L  I  F  T  L  A  J
F  I  E  O  M  I  U  I  L  V  S  T  I  I  O
H  P  S  E  H  E  T  R  A  A  K  E  S  N  V
R  N  M  C  D  D  L  A  S  R  T  R  H  E  E
A  U  I  P  A  L  L  Y  T  F  B  S  I  R  R
N  E  L  M  G  R  E  I  T  U  S  W  N  S  C
K  W  M  C  B  C  R  D  H  S  M  Q  G  I  O
L  M  G  O  F  L  K  I  X  C  R  M  E  D  A
I  Q  N  G  A  D  E  F  E  C  T  I  O  N  T
N  F  S  S  Y  M  U  R  K  S  P  O  A  C  S
G  D  N  A  C  I  L  P  I  T  L  U  M  H  I
```

AMOURS	INHERITANCE	PLATTERS
BALLAST	INSTALLING	POLISHING
BRAINIEST	MISCARRIES	RANKLING
CHILDHOODS	MULTIPLICAND	RETAINERS
COMMUTATIVE	MURKS	
DEFECTION	NEEDLED	
FROGS	NIMBLE	
HAIRSTYLE	OVERCOATS	

Puzzle #54
Assorted Words 54

```
C L O T S T F A H S A G A R O
O A E N D E A V O R Y T N H K
R R N C O N T R A C T I O N S
D M G N Y R E I N N U F K M I
E K S A I P S K S E B U C J N
D C B I N B N E A O R K E F V
Q F W R L D A N S R P X C H I
K E E V B A I L E W E M W W S
E I N S F D N E I Z O M O B I
D E V I A T I O N S A L M C B
G G N I T A R B I V M R L A L
H I D E T A R G E T N I B A Y
S S E R P P U S N A O R G S G
D Z U L S A D E R E I M E R P
L H C I R R I T A N T S E M J
```

BRAZEN	EMOTIONALISM	IRRITANTS
CANNIBALISM	ENDEAVOR	ORGANDIE
CLOTS	FUNNIER	PREMIERED
COMPOSITES	GALLOWSES	RAGAS
CONTRACTIONS	GROANS	SUPPRESS
CORDED	HAFTS	VIBRATING
CUBES	INTEGRATED	YAMMER
DEVIATIONS	INVISIBLY	

Assorted Words 55

```
I G S D A O V E R S I Z I N G
B H T E G N I T A R E C A M B
F E S E W Y Y O O K O D V I P
K A V U H Q W B S P U M E S R
E O B U S C Y R O T A M A C O
N G P A D L O C K D U V G O S
C O N F I G U R A T I O N N T
F J D I P S T I C K Z E L C I
F N P K L G L E N G T H S E T
U V H B W I U H X C A F H I U
J V I D O L A T R O U S U V T
G J A W I F D N S E E B G E E
W A L F F O C S B I N U Y I S
T Q A D I D R E V O E I A G S
P E N C I L I N G I H R M S A
```

AMATORY
ANYBODIES
CONFIGURATION
CROCHET
DIPSTICK
GUTSIER
HOBNAILING
IDOLATROUS

LENGTHS
MACERATING
MINER
MISCONCEIVE
OVERDID
OVERSIZING
PADLOCK
PENCILING

PHIAL
PROSTITUTES
SCOFFLAW
SPUMES
SUSHI

Puzzle #56
Assorted Words 56

```
P I L P A L A T A L K P V C Y
R J S K A B S E O D N U E X P
O Q Z U I Y B H A G A N X G E
J S Z N G C L R E S H N Q P R
E M E E O A K S E B Y I U A V
C M S H D I H S U V H N I N E
T B F A C A T P T O I G S G R
S O G P L U N U O A I A I R T
C O A G U L A N T S N V T I E
W T D I H O L B O I E D E E D
R Y D A Z H R H E L T Y L R S
T L D W C P J G F D O S Y D P
M X T N F O U L L Y D C N X I
J U Q X T A V U G K N R E I W
E L T S U R J A D E P P O H S
```

ABBREVIATES
ANGRIER
AVOCADOS
BOOTY
COAGULANTS
COLONNADE
DEBAUCHES
ESOPHAGUS

EXQUISITELY
FOULLY
GROUP
INSTITUTION
KICKSTAND
PALATAL
PERVERTED
PREVIOUSLY

PROJECTS
PUNNING
RUSTLE
SHOPPED
UNDOES

Puzzle #57
Assorted Words 57

```
O T F D H S A D D L E B A G S
O A A M E I E C E Q W Q X K H
V S U D S T G E S T O P A Z Y
E J T P E R A H B W U N T I L
R A O O Q G O L J E O M L X T
F U M R C R I T U A L L R B D
L N A T U C E L E C C B L E O
O T T I S A A T B R S K M A P
W I O C F F C W N O U A I U M
I E N O Y B C I X A S B M N B
N R F S G Y O W O L H I R E G
G D E T P I R C S N O C D A U
S S E N I L D N E I R F N J C
Y L V N Y M A R S H Y B A E K
D K L U W D E T A R G E T N I
```

ACCORD	FRIENDLINESS	PORTICOS
AUTOMATON	HIGHJACKING	SADDLEBAGS
BUMBLEBEES	INTEGRATED	TOPAZ
CARBURETORS	JAUNTIER	UNTIL
CONSCRIPTED	MALLOWS	
DISOBLIGED	MARSHY	
EMASCULATED	OVERFLOWING	
ENCHANTER	PERMUTED	

Assorted Words 58

```
N R E T S E W H T R O N E O I
G U G N I T A I R U X U L Y N
G N I T S U R C T Q I L D F G
M H I P P O P O T A M U S C E
F I F R W G N I S I O N O H N
R Z S F U F Q O L C V B S E U
E H K N P O N F I N A A Y C O
P M X D O N C F V Z Z Y T K U
R U Z D E M U S E R P F E E S
O T B X W H E P L G V P N R N
O N D S Z X V R O J Q S A B E
F O R B I D D I N G L Y B O S
I E Z Q B Q R N G H D C L A S
N P E B B L Y G S R F H E R N
G S E I S E T R U O C S I D H
```

ACTIVATE
CHECKERBOARD
CRUSTING
DISCOURTESIES
FORBIDDINGLY
HIPPOPOTAMUS
INGENUOUSNESS
LIVELONGS
LUXURIATING
MISNOMER
NOISING
NORTHWESTERN
OFFSPRING
PEBBLY
PRESUMED
PSYCHS
REPROOFING
SCOURING
TENABLE

Puzzle #59

Assorted Words 59

```
L D I S P A R A G E M E N T K
S F B N D E G E K E I K S E L
Z N V A R E R N T J X C I R E
S R A I J R H T I T U T F A P
Q E D T U Y O S I T I T T D T
P S R E R K Y M I N F B E I O
G L S E H A K C R L E A R A M
G N E E H S T C O A B N W T A
S N I A L P A H C N P A T E N
P E I K S N S N J L V A T S I
S C V K E A I O G N O E Q S A
Z C T A C E N K M I S B Y C E
B A E A E E R T S T F U B E W
F X M X B L D K E D A Q S E R
F H V T E U C F L R A V H J R
```

ARMOR	DISPARAGEMENT	REEKING
ATMOSPHERES	ESTABLISHED	SIFTER
BITTER	EXECS	SKINLESS
CHAPLAINS	GNASHED	TARTANS
CLEAVES	KLEPTOMANIA	WAFTING
CLOBBER	PERTINENTS	
CONVEYER	PLEASANTER	
DECKING	RADIATES	

Assorted Words 60

```
T S S E N S S E L P L E H J Q
B C S T S I G O L O T A M E H
K C A T T A Y N H M O O O O N
D E D V R C U U I X O G M V Y
T S L X E E I C N P A G O E M
X D N B Z D I L Y I P M S R P
A D E F A M A T O R Y A T A H
N G I B J R U Y N B R D L C O
G E N N B E U Z E U A B Y T M
T N M I V O I G Z V A I E E A
R Y I R D E F C I L Y J D D N
U A A K E A S M E F E S V H I
C G U X C P V T L P N D I P A
E E V R U U U E E B S O L O E
S J Z R P H M S U D B N C N N
```

ATTACK
CAVED
CONFIGURABLE
DEFAMATORY
DIABOLIC
EVADING
FOBBED
HELPLESSNESS
HEMATOLOGISTS
INVESTED
JAUNTIER
LAPPING
MOSTLY
MUCKING
MUZZLED
NOISY
NYMPHOMANIA
OVERACTED
SPECIE
SUPERMEN
TRUCES

Puzzle #61
Assorted Words 61

```
H S E H C T O C S P O H K C R
V E T A R E V E S S A A E O O
C S V S Y Q D P U R P O S E D
U E C E I P R E T S A M W H V
H K V B R S O B D E T C O B W
H O N E O K S L W F C Q L O F
P U L O N G U A R D R A I L S
R Y M O Z I F D B Z N S G E R
I I L I G C L E R G Y P A A E
V Z D M D R O C T W H O R G P
Y D T G E I A M E J F O C I H
V H X J F E T P L R V N H N R
S I N N E D S Y H W H E I O A
D P R E A C H I N G R D C U S
Y R E P L I C A T I O N C S E
```

ASSEVERATE	HUMIDITY	REPHRASE
BASSISTS	MASTERPIECE	REPLICATION
BLADE	OLEAGINOUS	SEEMLY
CLERGY	OLIGARCHIC	SINNED
FLOATS	PREACHING	SPOONED
GUARDRAILS	PRIVY	
HOLOGRAPH	PURPOSED	
HOPSCOTCHES	RECLINE	

Puzzle #62
Assorted Words 62

```
R E R O S Y K C I N I F S D V
E C N E R E F R E T N I C D P
T G G N I N O I S A C C O F R
A A D Q W F U M I G A T E S E
R Q I X J E M B R A C E D Y P
D Y H E M O R R H A G I N G O
N O I T N E V A R T N O C D S
S K E T A P I C N A M E E O S
H S M U R B A L E D N A C W E
O X G R A N D P A R E N T X S
U E N I R T C O D E T T O J S
T P G N I Z I M O T I P E Q E
E I M P A R T I A L I T Y Q S
D S A Z A L P T T A B O O E D
L A C I H C R A R E I H Q U M
```

BLOODBATH
CANDELABRUMS
CONTRAVENTION
DOCTRINE
EMANCIPATE
EMBRACED
EPITOMIZING
FINICKY

FUMIGATES
GRANDPARENT
HEMORRHAGING
HIERARCHICAL
IMPARTIALITY
INTERFERENCE
JOTTED
OCCASIONING

PLAZAS
PREPOSSESSES
RETARD
SHOUTED
SORER
TABOOED

Puzzle #63
Assorted Words 63

```
V Y D L V H D E T I R E H N I
E D S N E K C I S C D V L B U
M M E W A J U R O R Y R A B B
U J P I D B D C L A O C M K E
T D M L D I A O Z F E D T W F
I S W O O N S R K T J E N E S
L N I S X Y A C T I O C N I H
A V N K T M E R R N A N E R E
T H R E T S A O B E O X Z D A
I M W B D U R Y R S D C A O D
O V O V G S O O O S J I H S W
N X Z P R U Y Y W C V D T T I
Z N G N I S U C U A C Z E E N
M I S R U L I N G B T Q Y O D
N N E C N E C S E D N A C N I
```

BOASTER HEADWIND SICKENS
BRANDIED INCANDESCENCE WEIRDOS
BUYOUT INDORSE WORSTS
CAUCUSING INHERITED
CONTRABAND INNED
CRAFTINESS JUROR
DISCREDITED MISRULING
EMPLOYE MUTILATION

Puzzle #64

Assorted Words 64

```
I N E S T I M A B L Y Q R B L
I N S N D I S C U S S E S I Z
C A L C I F Y I N G L O K R I
T A P P A L S E N A T O R K L
A T X S X C A B B E D Z P E L
O L D I D D V K Y J P K K C U
M A A E X N E V L J I G J L M
I A C C R O A L C A D U C E I
D D V H I E X S F I I U I C N
S A Y A U T H O R I Z E S T A
U L B X E C S P R E R Y I I T
M A D Y S T K Y I U P T W C I
M J O I N E R S M C A M B S O
E X E R T S L L A B E S A B N
R L I F E S T Y L E S D O R P
```

ALKALINE
AMPERSANDS
APPAL
AUTHORIZES
BASEBALLS
CABBED
CADUCEI
CALCIFYING

CHUCK
CIPHERED
DISCUSSES
ECLECTICS
EXERTS
ILLUMINATION
INESTIMABLY
JOINERS

LIFESTYLES
MIDSUMMER
MYSTICAL
PRODS
SENATOR
TRIFLED

Puzzle #65
Assorted Words 65

```
W X S L A M I X A M Q V R H E
L S V C S K R A L W O D A E M
S O E Z A G E E T N E S B A B
S G D C N I N S T N E C Q H R
Z G N G E A S I N R I F I A O
S G N I E I M E R X S O X N W
J L N I R R P S N E G K P I B
N G A I D T S R E M T H S P E
E M N M L L S M E N A S P B A
U Q E I I D E T A T I G O C T
T Q N T L N R G R B N L R F I
E T P N H I A U H A K E C L N
R E I D A E T S C P E I C J G
S L E R U T A E F Y H H V L Q
O L V D E M A G O G U E R Y M
```

ABSENTEE
AMNESIACS
ANIMALS
APPOINT
BROWBEATING
CENTERPIECES
CENTS
COGITATED
CURDLING
DEMAGOGUERY
FEATURE
FOSTERING
GELDINGS
HEARTSTRINGS
LINESMAN
LODGERS
MAXIMALS
MEADOWLARKS
NEUTERS
STEADIER
TILING

Puzzle #66

Assorted Words 66

```
P D M B D E D O M M O C S I D
F B D E F E A T I S T S X N L
L L I E L B K C P A E S A I A
O M R R Z G N I N I L T U O T
W V T M C I S S L F P J L T I
E I G H T H L E O D D R T Q T
R E G N I S O A U H O F G T U
B D E V O O R G T G C G A I D
E S S J D Z D E D U I N B S E
D F B A F F F I I N R T O U S
S Q Y C U E N O D N A B A H X
F P K K F T L J M L W Y V F P
O T X E K I Y T Y D U O L C A
K U S T N U P A S L E P R A C
F K Z S E K O R T S Y E K B P
```

ABANDON
BIRCH
BROWNIER
BRUTALIZED
CARPELS
CLOUDY
DEFEATISTS
DISCOMMODED
EIGHTH
FATIGUES
FELTS
FLOWERBEDS
GODLIKE
GROOVED
HONCHOS
JACKETS
KEYSTROKES
LATITUDES
OUTLINING
PUNTS
SINGER

Puzzle #67

Assorted Words 67

```
S D R A O B R A T R O M G Q F
H E L I C O P T E R I N G Q X
S T R A T I F I E S I D T P V
C D E V O R P E R K R S G L T
J L E V W O S P I L L A G E F
C N A N X S Y R E N E E R G T
S O S I N S E L S W R V C X C
E M L I R A G I R E G D U B I
N A P O S V P N D E R H T T M
T T U M S I O D I E T O Y M A
W U B A D S R Y A P M T W R G
I R O U T K U C A E I O I S I
N E X U S T Z S Z N D R C B N
E S N F R O N T E D T O T K G
S E A S H O R E Q S G S M S Q
```

BITTERLY	FRONTED	SEASHORE
BUDGERIGAR	GREENERY	SPILLAGE
CLAIRVOYANTS	HELICOPTERING	STRATIFIES
COLOSSUSES	IMAGING	STRIPING
COMEDIES	MATURES	SWORE
CRISIS	MORTARBOARDS	
DEADPANNED	REPROVED	
ENTWINES	RIDGE	

Puzzle #68
Assorted Words 68

```
S I S E H T N E R A P W C W P
C S E T A T I D E M R Z O T U
Z O F Y U U G U A Q C W N E F
P S E B R O C H U R E O U N F
O P G F R D V H G C B I N D B
L E E N G A E E K N F E D E A
Y G V R I N Y M D A T N R R L
E S T I K L I E I E E G U E L
T L P I T I L K D M B P M S C
H E B A E A E I C W O B S T G
Y C L Y S G V S H I O T U E V
L O J T T T Y I T S L B N R B
E C X X I K I L R Y L O B A D
N T H Q N T N C N E C Y R L P
E X Q Q G H G S H F D R X F Y
```

BESPEAK
BRAYED
BROCHURE
CEREBRA
CONUNDRUM
DERIVATIVE
DEVOUT
DRUBBED
FROLICKING
LEVYING
MEDITATES
PANTOMIMED
PARENTHESIS
PERKIEST
POLYETHYLENE
PUFFBALL
SHILLINGS
SPASTIC
TENDEREST
TESTING
TITLE
WOBBLY

Puzzle #69

Assorted Words 69

```
C R D I S R U P T I N G C Z A
O N L A U G H A B L E B A L X
M D V P B O N S B W H Z N D P
P X L H G P Q I R Q E G V H U
O A L H I W O Y P O T H A A B
S Y N O T T U L G P T Y S R L
I S L A R R E F E R I C B A I
T T E V Z D G O E O L L A N C
I J E N A R E N G I S O C G I
O W A Z E L J D I Q F X K U Z
N X F K T L I H A H R L S E I
F B O R M Y B D V E S O D S N
P O T T E R I E S B R A C T G
I N C O M P E T E N T D H T R
B K S L A T C A R F B T N D U
```

ACTORS
CANVASBACKS
CASHEW
CLIPPINGS
COMPOSITION
COSIGNER
DISRUPTING
DREADED

FEEBLENESS
FRACTALS
GLUTTONY
HARANGUES
HASHING
INCOMPETENT
LAUGHABLE
POTTERIES

PUBLICIZING
REFERRAL
VALID

Puzzle #70
Assorted Words 70

```
N A G N I S S E S S O P H V P
X P C Z A G L A D I O L I B O
X X B C H G N I N W A P D T U
M U K E E S C I D E C I O V L
Y K E O M P E A W U J S P S T
D O F W V Y T I S O M I N A I
R D G N I K S A G T L P X W C
A P E S T S O O B R O L I Q I
F Q B T C J C P H L E F E N N
T N Y E U T A V A E E N F B G
E Z I R E L D W O B B O E S U
R G X L R P F D J U S T E S T
S Q D E M A E R T S N I A M F
O D E X U T C D E Y A R F O I
P I M P E T U O U S L Y T X M
```

ACCEPTABLE	CASTOFFS	MAINSTREAMED
ANIMOSITY	DUMPING	PAWNING
ASKING	ENERGIES	POSSESSING
BEEPED	FLUTED	POULTICING
BELLOWING	FRAYED	RAFTERS
BOOSTS	GLADIOLI	TUXEDO
BOWDLERIZE	IMPETUOUSLY	VOICED
CARRY	JUSTEST	

Puzzle #71
Assorted Words 71

```
J B B S G N I R E K N A H W Y
B Z L S K C O D T Q Z F Y T E
F S I U S E A X E V Q E O Z N
C O E R R I R L E D T L E R F
S A L N N R G E A Q A L U T R
R G T D I B Y N C M D E U N A
T A Z A E T U P I N I S L L N
N S Y E P S L L O T I T F A C
T V E H O U P A L L U S I T H
F E X K M R L I S D L L Z E I
A E G G N O G T S T O A F N S
R U L D B A N U X I A Z C T E
J H K T R D L T B R N E E S S
V T V V E D B B H H P G L R O
M N H D R D A L L E B U R B H
```

BLANKEST
BLEATS
BLURRY
BULLDOZER
CALAMITIES
CATAPULT
DESPISING
DOCKS

EGGNOG
ENFRANCHISES
FELLEST
FELTED
FLUTING
HANKERINGS
LATENTS
LEADED

MONTH
RUBELLA
SALTINES
SCALLOP
SINCERE

Puzzle #72
Assorted Words 72

```
H Q C Y L G N I R E G N I L P
J V W Z A T A C K I E S T M E
X G S C P L R R V S Q W N A D
N E A T E R M O O L A P P V I
G U I L L O T I N E S U A E A
H O L D O U T S G L R R L R T
B S F O Y S J S J H X V I I R
D P V Y O Y T A X F T E S C I
R D E L L E N N U F L Y A K C
I E U Z M A K T A T F I D I J
B L T T E R G S X R D N E N U
B J S T U B B O R N G G S G N
L L A C I T C A R P S I C L K
E E Z D S L L U G E R U M M I
U V T P V A G U E R Q W O E E
```

ALMIGHTY
CROISSANTS
DRIBBLE
EMIGRANTS
FUNNELLED
GLITTER
GUILLOTINES
GULLS
HOLDOUT
IMMURE
JUNKIE
LINGERINGLY
MAVERICKING
NEATER
PALISADES
PEDIATRIC
PRACTICAL
PURVEYING
STUBBORN
TACKIEST
VAGUER

Assorted Words 73

```
S T G G C O W A R D I C E M O
U F X Q N U R E I T S R I H T
P O S S S I T N L L R D R T F
P O T N U C K E E R I E E R R
L L A X O O I C S E U I U A E
A H P G D I N T U I D C S N E
N A E Y N V T R E L E E E S L
T R S B K I H A E R P R D C A
E D O G G I N G Z V E S C R N
D I S E U G N O T I A H Z I C
H E A V I E S T R M T C U B E
C R K F I U Z O R H B R P E R
V P A A L P R O M O T I O N X
H I U K N D I S O R D E R M J
D S S E N S U O I V N E D Z A
```

AMORTIZATIONS
CAVERNOUS
COWARDICE
CURLEW
CUTESIER
DEICERS
DETHRONING
DISORDER

DOGGING
ENVIOUSNESS
FOOLHARDIER
FREELANCER
HEAVIEST
HERETICS
NEEDED
PLUCKING

PROMOTION
REUSED
SNAKED
SUPPLANTED
TAPES
THIRSTIER
TONGUES
TRANSCRIBE

Puzzle #74

Assorted Words 74

```
S H I M M I E D O Y H T I M S
D O G G E D I S C U S S I N G
D O A I X P K R O C N U K A G
D R E I F I S N E T N I T S B
S N O I T A R B I L A C J H L
E R U O E I C E M P N M W U O
E T E O P V L U N U D G O Y A
S S A D B I O Y R T N U O C M
S L K R I E E R L T E V X C I
R N O E E E S R P L A R H C E
A Z W W E C I U X E E I X U S
P J E A P R S T O H R U N E T
I O A W R O M I A H Q V R E Z
N D Z Y V P K N V M A N I C D
G F I X E B O E N E V I R H T
```

CALIBRATIONS EIDERS   REEKS
COMATOSE   EVISCERATE   RENTER
COUNTRY   HOUSEBOUND   REPROVE
CRUELLY   INTENSIFIER   SHIMMIED
CURTAINED   LOAMIEST   SLOWPOKE
DISCUSSING   MANIC   SMITHY
DOGGED   PRAWNS   THRIVEN
DROOPIER   RAPING   UNCORK

Puzzle #75

Assorted Words 75

```
S S E N S U O I R E P M I X J
J G R O W T H S S L A E S N U
O A C E B P S S G U D X K T P
V V H L K L O I B N O L A D O
J I B E S I O O G I I E N O O
E W P T R C L C L G N N T T P
H T A V D E A H K S U A I U E
R O C Q D M B O T H Y R R P D
Y I E Y I E D Y N A O L D Y O
A L S Z S T N I R P E U L B L
K E E G Y E C W N Q T D S O O
X T T S C R P A O G P Y K E D
B R T H L Y O Z C M S L T R D
O Y E E Y A Y G R I M I N G B
S Q R H B S F O U T W E A R S
```

BINARY	DRUGGISTS	OPINING
BLOCKHOUSE	DUTEOUS	OUTWEARS
BLUEPRINTS	FALSELY	PACESETTER
CACTI	GRIMING	POOPED
CEMETERY	GROWTHS	SLOOP
DEATHLIKE	HEREBY	TOILETRY
DINGS	IMPERIOUSNESS	UNSEAL
DOLLY	JIBES	

Puzzle #76
Assorted Words 76

```
X U S K Y W E T B A C K S G Y
D S V E F L A T T E S T Y U G
Q R N W L H T U V I Z N O A R
R S A O C Y S E F S W X C R A
E V E O I O T H E T L W D A C
A S O C B T N S O R Q N M N I
C S C P N R U D R O C M I T O
T K D I O E E A O I K S N Y U
E N I E P R U H C R A W I X S
D U B S T O E Q T H S H B D L
K C P J H N T T E O U W U P Y
K K M E E O A Q L S M T S P A
I L C O N F O R M A N C E H R
S E E M I N G P G Q F O R K D
Z S E T A T S O R P V Z C O S
```

CAUTIONS	GRACIOUSLY	PROSTATES
CHUTE	GRANTED	REACTED
CONDORS	GUARANTY	SEEMING
CONFORMANCE	HAIRSTYLES	SHOOK
CONSEQUENCES	KNUCKLES	TOPICS
DISCREETLY	MINIBUS	WETBACKS
FALTER	MOTHERBOARD	YARDS
FLATTEST	POOHS	

Puzzle #77

Assorted Words 77

```
L W A I S T E D L A B E I P R
M I G Y R E G G U D L U K S R
E Q C N T U D U P A U S E S E
T U D E I P I F C A N D O R V
A O R I N N O Z D L D F I K E
S T A U S T I P T E E I U A R
T I W N L C I A A O R F U H B
A E L F I Z O A R Q B O Q C E
S N E W P Q A L T T U R D K R
I T D I S Y E Y O E S I U A A
Z S L L A T S A C R S N N T T
I B Q V G L I M P S E D O G E
N E T Z B G C O M E S D E C S
G C O R R U G A T I O N K D A
J Z Q Y L S U O U C O N N I L
```

ADORED
BLUNDERBUSSES
CANDOR
COMES
CONSTRAINING
CORRUGATION
DISCOLORED
DRAWLED
GLIMPSED
INNOCUOUSLY
LICENTIATE
METASTASIZING
OPAQUING
PAUSES
PIEBALD
QUOTIENTS
REVERBERATES
SKULDUGGERY
SLIPS
STALLS
TURBOT
WAISTED

Puzzle #78

Assorted Words 78

```
T N B M A L A P R O P I S M H
Y H U C S U S E S S A L T U C
J L M G P G W G W T U B M Q F
W P B N N W N A N E E C Y C P
S I L A O I Z I P I V N U F V
P T I N R R D P H W K A R M G
L T N B N E D N N C A O R O G
E A G E I I S E E D T P O C H
A N S F M S U I R M E I X R J
S C Y A H D H R M L M R P O C
U E M L E S N E B U I O B W G
R T D L T E W E E Y G E C N T
I K X S B Q G Y M P F G S I I
N U D E L L E V R A M D W N Q
G S S E N S S E L P L E H G U
```

AMENDMENTS
BEFALLS
BRUIN
BUMBLINGS
COMMENDING
CRAVE
CROOKING
CROWNING

CUTLASSES
HELPLESSNESS
HORNETS
INBRED
MALAPROPISM
MARVELLED
MISERABLY
MUCUS

ORDERLIES
PAWPAW
PITCHING
PITTANCE
PLEASURING
SHEEP

Puzzle #79
Assorted Words 79

```
N O I V R G Q J S A B M U R P
M X U G O U N S R E L I A R T
W S D T Y L B I X E L F N I P
Q E E A S Q U R T W I U P U W
E L C L Y T A M H A Y S Y N S
S N U S A S A B I I R L S Q T
E E D F S N E Y X N Z G L U O
F D R O H Y I T E Q G O I O M
P U A E C T A F A D E D M T A
W P U C H R U W T V N V P E C
L B O C R P I O E T I R I K H
J N A I X O S N M S C T D Z K
F K J N J C T O E B U B L W Q
S L U D G E D O I S L A Y U Z
R I V U L E T S M B D K C V C
```

BIOSPHERES
CAUSEWAYS
CULTIVATES
ENDOCRINES
FADED
FINALES
GRATING
INFLEXIBLY

LIMPIDLY
MOTORCADE
MOUTHFUL
MUSSIER
OUTSTAYED
RHIZOME
RIVULETS
RUMBAS

SLUDGED
STOMACH
TRAILERS
UNQUOTE
VOLUMING

Puzzle #80
Assorted Words 80

```
X V I D E S T I N A T I O N S
K P A E T A N G E R P M I T H
C R C C E V R R N B P L F O I
S I S N O I S E L I T S O H B
I E S T U M G N Y P T U J K Q
N J I O N A M N I W E S K Z S
T O C F N E E U I K A S O Z E
O Y M O I I M R N R I L T H J
N O G V N E C E I I R N K L G
A U W Q K V D C V A C U N R E
T S H N D S E S U L L A C A Z
I L P O U Z N R C P O W B J M
O Y M A R A J N T A P V L L G
N S Y A W Y R T N E M A N O E
S M I N U T E M E N R P C I W
```

AERIAL
CALLUSES
CAPPUCCINOS
COMMUNICABLE
CONVERTER
CURRING
DEIFIES
DESTINATIONS

ENTRYWAYS
GHOSTING
HOSTILES
IMPREGNATE
INTONATIONS
INVOLVEMENTS
JOYOUSLY
LAWYER

MANNIKINS
MINUTEMEN
PESTLE
SCAMP

Puzzle #81
Assorted Words 81

```
D B A A C S E I F E U Q I L F
O V L C U E E V F P A P O P O
Q R L C R K E N S E M E D C R
L R U U V M J H B Y I C W M G
T O V S I A S Q Y O A L H F I
X U I A N K L E T G L P E O V
Q N U T G N C P B G I D E R E
A D M I N I S T R A T E S R N
D E G O B A L I V E N H N D P
Y R F N S T B E L T E D R E C
I S A S I Q Z T L Z T X I D Z
U T A L A L U Q M K D F U T E
J O F E L U L N M Q C P B P S
S O G X N U Q O J F P O X Y Q
Z D U P N U D Z B P S W C G G
```

ACCUSATIONS
ADMINISTRATES
ALLUVIUM
ANKLET
BANDITS
BELTED
BOLDS
BOLLING

COCKLE
CURVING
DEMESNE
DULLARD
FORGIVEN
HYGIENE
LIQUEFIES
LIVEN

PREPAYS
RELIEF
UNDERSTOOD
UNEASY

Puzzle #82
Assorted Words 82

```
K A L I H N S Y H R H E D J P
S E O Y S S G N L A E I V H I
I S S B Z D E N O E I S F H L
C N E D F E B L I C S L O R X
A U F N E U T C I K R R E O V
E U S E D T S E I T N I A D L
Z T T T C E A C L T X A Z O A
S D T O O T D C A P O E Y O C
C I D E M M I A H T M I T H T
K F T Z L A I O E M I O D R O
S E I H L E T Z U H E N C I S
E O S E B I V I I S T N G O E
W D T J D A P O N N L O T H J
Z I N D I C T I N G G Y H X D
M A Y M V A L T I M E T E R F
```

ALTIMETER	HOTHEADEDNESS	OBFUSCATING
AUTOMATING	IDIOTIC	TEXTILES
COARSELY	INDICTING	VIBES
COMPLETE	INFECTIOUSLY	YANKING
CUSTOMIZING	LACTOSE	ZIRCONS
DAINTIEST	LOOSER	
DETACHMENT	MEDIC	
HAILED	NOVELETTE	

Puzzle #83
Assorted Words 83

```
F A A S S E N L U F E C A R G
L B X A I P E S U Z R G W A K
A D M I R A B L E K G U R L D
N N V E P Z R A P D R T M J I
N O A W T R B A H U I I I P E
E P I T W D L C C L R H U H S
L T N S O S A M C H R C C V O
E O S N H M R V E I N S S H T
D M I E D T I E B G F I K C N
I E S Y I K N C T O O W D A L
M T T Z R S G I A S Q O X S E
H R I P E H O U C L I C S H V
N Y M A I P N O I A F O O E V
S E T O M O R P H L Y N L D S
G N I Z I L O D I C T H J C Q
```

ADMIRABLE
ANATOMICAL
ARACHNIDS
BLARING
CASHED
CHIDES
CHOOSIEST
CLOISTERS

FLANNELED
FRUMPS
GOOSES
GRACEFULNESS
GUILT
HYACINTHS
IDOLIZING
INSIST

OPTOMETRY
PROMOTES
SCRUPLE
VEINS

Puzzle #84
Assorted Words 84

```
T H M T S E I F I L A U Q V Y
P I C K A X E D G J U H U Z Z
M M S E L T R Y M U T A T E D
S L L I H T O O F Z Y E U M P
G G N I T A L A C S E F M S A
R N N D E R E T N E P R A C V
O D I I E K F P A A Z H N E I
U I I O C M W T E K S A C U L
N V W A B I E A U O M M H J I
D I Q O P M P N H O Z D O N O
A N L W L H I P T T G T V P N
B E S Q W L R L O E H L Y S V
O R O O G P I A V C D G I H A
U K Q K T G T P G P K L I N I
T Y T I T C N A S M L I Y N G
```

ANCHOVY
CARPENTERED
CASKET
COPPICING
DEMENTEDLY
DIAPHRAGM
DIVINER
ESCALATING

FOOTHILLS
LEAFY
LIMBOING
LUAUS
MUTATED
MYRTLES
NIGHTHAWK
OGLING

PAVILION
PICKAXED
PILLOW
QUALIFIES
ROUNDABOUT
SANCTITY

Puzzle #85
Assorted Words 85

```
P W K C R S G N I K L A T S J
E S H O D E H G I S B T R T M
R O S I J S R R L R W R E A C
I L R C T G R E W J Z I M R A
O A M E A S N E V M W K B R L
D R N F M N C I L E R E L I L
L I G P X M D F T T S S I E I
P U Y E A Q A A R I S T N S G
O M D P L I U R L E D U G T R
L H P I O L R T G O A E R P A
L X X U S I A W O O U K R U P
E B O A S T S S I O R S I C H
N H K A L K A E O S R P L E E
A G Y B J F A F S V E P M Y R
G H H H K D N K F N K L U I Y
```

ALLEGRO	PERIOD	SIGHED
AURAS	POISES	SOLARIUM
BOASTS	POLLEN	STALKINGS
CALLIGRAPHER	PROGRAMMER	STARRIEST
CREDITING	RELIC	TREMBLING
DISTAFF	RUSTLERS	TRIKES
FREAKIER	SCANDALOUSLY	UPROOT
PAIRWISE	SEVERER	WHITS

Assorted Words 86

```
S E T A L A C S E E D M L R Z
A E H G A N D A N T E S C O K
L L Z U N T N E M T R A P E D
I P S I M I A S N E A K I N G
V S D O E I U C D E N E V A R
A S N N G S L S I Q Y I V Z P
T M T I G N D I D N B E N Y N
E A P T K N I E A E O Z Q G Q
D R L W I P I T T T D M W L X
L T E I H V A R R T I L R I Y
Q E X T W X W N U E E E O E A S
X N D S O V S O G G S R N M H
E S U O H T H G I L U N F S O
S V E H M K K T D Y M A I N S
F H I N T E L L E C T U A L I
```

AMENING
ANDANTES
ANYBODIES
AUGURING
DEESCALATES
DEPARTMENT
FRETTED
HARMONICA
HUMILIATIONS
INSERTING
INTELLECTUAL
LIGHTHOUSE
MAINS
MELDED
MODEL
NAPKINS
NITWITS
RAVENED
SALIVATED
SEIZES
SMARTEN
SNEAKING
SUING

Assorted Words 87

Puzzle #87

```
G H Y J Q S P O I L S P O R T
J O P T U T P T S L U M M E D
M M O O T E D N Y O K G N I G
N O U M E R C E R I Z I N G M
F G R R O G N I H C N U A L Q
P E I A T T R A C T I V E L Y
H N N T S E I B B U R H S Z R
P E G D E O D O R I Z E R S O
S I M O S E V E E P S U B E Z
X T K M S T E X P L O D I N G
Z Y H R E E M B A L M I N G O
C T A H O D I A G N O S T I C
A S I N E W S O D O M Y N C Q
W I W O A S E N I T L A S G D
X N K X Y C A R C O E H T Z F
```

ATTRACTIVELY	HEMMED	SHRUBBIEST
BERTHED	HOMOGENEITY	SINEWS
DEODORIZERS	LAUNCHING	SLUMMED
DEPLOY	MERCERIZING	SODOMY
DIAGNOSTIC	PEEVES	SPOILSPORT
EMBALMING	POURING	THEOCRACY
EXPLODING	REWORK	ZEBUS
GINGKO	SALTINES	

Puzzle #88
Assorted Words 88

```
Z Q T K N O R T H E R L I E S
O K L N H T A G R A P N E L S
S S W I E I B C D Z N C H C J
H R R H N M T H A N D F U L S
E S E I D S N S F M I I F N V
M T N T N E E G E A P A M F S
O A M O N F Y N I K L E L T U
R P W U I E E E S L N E S P B
R E P G Z T M R N I A U N T S
H W P E L Z A I E K B F R B I
A O J Y H Y L U R N C L O D D
G R Q P H Z P E Q E T A E M E
E M G V A X T H D E P I H M D
H I G H F A L U T I N X A Y V
M I P A R L A N C E C E E L F
```

ALIGNMENT	GRAPNEL	MUZZLED
AUNTS	HACKNEYED	NORTHERLIES
CAMPEST	HANDFULS	PARLANCE
DRUNKEST	HEMORRHAGE	PLAIN
EQUATIONS	HIGHFALUTIN	SUBSIDED
EXPERIMENTERS	HYPER	TAPEWORM
FLEECE	INFERENTIAL	
GLYPH	INSENSIBLE	

Puzzle #89
Assorted Words 89

```
H  L  F  X  D  E  Y  A  T  S  T  U  O  I  K
Z  G  N  W  H  A  T  E  F  U  L  N  E  S  S
S  I  Y  U  R  E  O  R  G  A  N  I  Z  E  J
E  R  U  T  I  E  F  R  O  F  U  L  E  T  W
F  D  E  L  I  B  E  R  A  T  E  L  Y  R  X
S  C  K  H  F  M  Q  Z  Q  C  T  U  E  U  F
P  S  E  S  S  O  R  T  A  B  L  A  H  F  U
A  Y  E  F  T  A  R  O  W  S  R  O  D  F  R
R  Y  T  P  M  E  W  E  F  F  E  S  V  L  L
K  M  W  I  H  C  N  H  H  E  N  V  B  E  O
L  Z  R  U  V  B  W  O  S  A  D  U  I  S  N
E  T  I  L  O  P  M  I  Y  I  N  J  V  L  G
R  O  B  U  S  T  E  R  B  A  D  D  F  R  O
M  K  M  H  G  N  I  Z  Z  U  B  D  C  U  O
E  G  N  U  R  T  S  M  A  H  M  M  A  P  P
```

ALBATROSSES	FOREHAND	REORGANIZE
BAYONETS	FORFEITURE	ROBUSTER
BUZZING	FURLONG	RUFFLES
CLOVE	HAMSTRUNG	SPARKLER
DEFORMITY	HATEFULNESS	
DELIBERATELY	IMPOLITE	
DISHWASHERS	OLIVES	
EMPTY	OUTSTAYED	

Puzzle #90
Assorted Words 90

```
Q Y L S U O R E T S I O B S L
T S E I T T A H C R X P Y V Q
Y Y L P E R R R D N W X S N P
S L T E P A E E E E U S N E
H T I I E P N B P C L I J U D
O T O S R D H T M X O Z D Z S
D G C H A O E F I U E I Z U S
D L T I S E H P I V N C L I A
I A T E D P U T U E I T H E S
N D O R T E U Q U R L R U X D
E I I I F A R M Y A R D A O U
S O F V V Y I P B T J I I L X
S L A U X E S P A Y E D H N S
W A R I N E S S O U S R J C G
J S T L U N C H E O N E T T E
```

ANTIVIRALS   FARMYARD   RECOILED
AUDIENCE   FIELDING   SEXUAL
AUTHORITY   GLADIOLAS   SHODDINESS
BOISTEROUSLY   LUNCHEONETTE   SIZZLED
CHATTIEST   OPIATE   SPAYED
CHIRRUPED   OUTNUMBER   UPSHOT
ENSUE   PREDICT   WARINESS
EXPERT   QUEASILY

Puzzle #91
Assorted Words 91

```
S N O I T P E C R E T N I J W
A A T D E I R R A C S I M X P
S H T N E V E L A L E Y X A
P V P G K K D C G N I K I L R
H R R E N T E R T A I N E D T
A E O D B I Y T E C X A Z C I
L T P J X N N T I H I H T M A
T R E C O T A E I D T D H L L
E I R H F Q V M D L A A R G O
D B T Q L U F W A L A R O E T
C U Y I U T T N E R O N T G V
I T X D E T A C U D E B A X K
M I A O S D E K C U P M M B E
T V B E Q U I P A G E S A E J
S E G S R E P P O H D O L C J
```

ASPHALTED
BANALITY
CAMERAMAN
CLODHOPPERS
EDUCATED
ELEVENTHS
EMBOLDENING
ENTERTAINED

EQUIPAGES
EXTRADITE
FLUES
GOATHERD
INTERCEPTIONS
LAWFUL
LIKING
MISCARRIED

PARTIAL
PROPERTY
PUCKED
RETRIBUTIVE
VERDICT

Puzzle #92
Assorted Words 92

```
P I L M I N F O R M A N T S N
O S H O B B Y H O R S E S S N
R E T W Y D C S X N M W S I B
T D Z L E L P Y M Y Z H A C X
F A S G C F S J Q U C A O C N
O T I E G S T S G I T C X C W
L E L H N N S S E N D A O R B
I D I T E U I E U L I K D C Q
O X S X I K T T N B H P X T S
S R E T F E D R T I I T P M V
B A R R O W S S O A P N I O G
G D R A W K W A R F V P I A B
C S L U G O M I F A S A O M F
P I C T U R E S Q U E I R H A
T L U F I L L E T E D T M C C
```

AWKWARD
BARROWS
BOPPING
BROADNESS
CHOPPINESS
COCCYX
CRAVATTING
DATUMS
DEFTER
FAITHLESSLY
FILLETED
HOBBYHORSES
INFORMANTS
MINIBUS
MISFORTUNES
MOGULS
PICTURESQUE
PORTFOLIOS
SEDATED
TEARS
WEFTS

Puzzle #93
Assorted Words 93

```
Y V N X E M U M M I F Y I N G
S L R S E I R E V I L S F O Y
X S L A S O P O R P U I Y V J
G G N A S P S G J M S D W F S
H H A G C E S D A E H E B P E
E T E R N I T Y J A E K Q R R
T S N R E I T A J W D I H O G
T X E A O I H A T H F C Y G E
O D S X C N S T M I Z K P R A
A A G L P I G M Y A R N M E N
S Y N O C O X I I R R R C S T
T Y T K R K T O P L E D I S S
I H D T J G E S T W F V V I N
E O S M I L E S E N Y M E O F
R K Y P J D L D E R I U Q N I
```

BEHEADS	IGNORE	SERGEANTS
DRAMATICALLY	INQUIRED	SEXPOTS
ETERNITY	INTOXICANT	SIDEKICK
EVERYTHING	IRRITATES	SMILES
FLIMSIER	LIVERIES	TOASTIER
FLUSHED	MUMMIFYING	
GHETTO	PROGRESSION	
GORGED	PROPOSALS	

Puzzle #94
Assorted Words 94

```
G G N I L O H N O E G I P F T
S M O T H E R S D A B V H Y O
Z Z S N O I T C E R R O C Y S
N U O G Z G C R L S E K M D S
S E S R E V G O I B R M S V I
Y G N I L I O P S E D A A E N
S F G N I S A C I I A E O R G
P F I N A L I Z I N G X D H F
H F M L A I R S I C K N E I A
E Z Y U P M D I O R E T S A T
R V Q N T M P U L L B A C K S
O X H U Q T E Y A W E S U A C
I A X I Y D E X X W Y E J W Q
D B K S E T A R E P U C E R P
E W D E T A M O T U A K E A X
```

AIRSICK	DESPOILING	RECUPERATES
ASTEROID	EXEMPLIFY	SMOTHERS
AUTOMATED	FINALIZING	SPHEROID
CASING	FRAMER	TIDED
CAUSEWAY	HOARSE	TOSSING
CORRECTIONS	MUTTER	VERSES
COSIGNS	PIGEONHOLING	
DELIS	PULLBACKS	

Puzzle #95

Assorted Words 95

```
M Z S S E N N E K N U R D M P
H A F R E T A I N E R S T K L
F S A F K Z V G N I L A E V A
E A A O U O I D E P P O L S G
N O D B U L Y R E C N A H C I
T M B D A V B L O W U P S S A
R N H E F L R S Y H V Z Q A R
E I V P S D A J N A T K B C I
A P A D T I C C G O W U S R Z
T R C D B U T S A D T A A O I
I E E X E G O Y I N J T Y S N
E S R E D A E L N M S J Y A G
S E T A N I E F F A C E D N L
V N K K S F F A U Q V R C C V
A T A D E T A I L A T E R T W
```

AUTHORIZES	ENTREATIES	QUAFFS
BLOWUPS	FLOUT	RETAINERS
BLUFF	GAINFUL	RETALIATED
BRACT	LAYAWAY	SACROSANCT
CALABASH	LEADERS	SLOPPED
CHANCERY	OBESITY	SNOTTY
DECAFFEINATES	OMNIPRESENT	VEALING
DRUNKENNESS	PLAGIARIZING	

Puzzle #96

Assorted Words 96

```
C E N T R E P R E N E U R P W
W A R M E S T G X E K A D Y I
R H A L L U C I N A T E E U F
D E P R E C I A T I O N F X E
F E R N D O P E R A T I N G L
H L N A K E G R X K O A B Q Y
S J E O E R D S T S O V O R P
T A E E E D E N W O R C Z M P
G N M M T G H Y E C U B I T S
A B E U E E I I V H D I U F K
Y W G M P R S P W I E B I T N
I G C W G H G T B L M R S D R
W K D G N I R E D L O M P N Y
B W H U O F P J S Y T U C P D
S S Z I P D T C N U F E D U A
```

APPREHENDED	ENTREPRENEUR	PROVOSTS
CHILLY	FLEETEST	PUDGY
CROWNED	HALLUCINATE	PUMAS
CUBITS	MOATING	WARMEST
DEARER	MOLDERING	WIFELY
DEFUNCT	OPERATING	
DEPRECIATION	PIGEONED	
EMERGES	PIGMENT	

Puzzle #97
Assorted Words 97

```
L B L A T I B R A B O N E H P
U I B V S R E S I H C N A R F
K T U M L O P I L L O R I E S
L T N E S R A O C W N C U A O
A E T A P R A G M A T I S T R
G R S J L H A M S T R I N G S
T N D E T L U P A T A C W W R
N S I O S I E Q G U V W D R E
V A K G X S H P E P E E F I F
B V S S A X E P P T N D L G U
F M S A A R E N P A E A N G S
L Y Q M L C O G E E S H H L I
R K T W O I K F V M Q R T Y N
I U P D D O Z M A D A M P S G
Q P U R E B R E D S A L N L E
```

APPELLANT
BITTERNS
BUNTS
CASKS
CATAPULTED
COARSEN
CONTRAVENES
ESTHETE

FORAGING
FRANCHISERS
HAMSTRINGS
LAMENESS
MADAM
NASALIZE
PAEAN
PHENOBARBITAL

PILLORIES
PRAGMATIST
PUREBREDS
REFUSING
ROOMS
WRIGGLY

Puzzle #98

Assorted Words 98

```
O B D U R A T E R E A D I E D
H I N E X T R I C A B L E V A
D Z C H R I S T E N I N G N S
B T G T S E T C E R R O C T S
R R D S S P B S S T O N E S I
O R I A L A H D E K R I H S M
C G B E O R P G B I N R E E I
I N J E F B R O A F M A V U L
P E R I L I N G S E F I L W A
W R X S L T N I E M P S R F T
P N F Z G R N G M A P U B G E
E S T I M A T E A L G U Q B A
G N I N O R H T N E X K O H U
W I U X N Y W W C S X B T X Q
F G G N I R U T C E J N O C R
```

ARBITRARY
ASSIMILATE
BASEMAN
BRIEFING
CHRISTENING
CONJECTURING
CORRECTEST
ENTHRONING
ESTIMATE
FEMALES
FLANKS
GRIMIEST
INEXTRICABLE
OBDURATE
PERILING
READIED
SHIRKED
STONES

Puzzle #99

Assorted Words 99

```
G R J D X D A E H K C A L B H
R D E D E Y X O P E L C C R H
P E I S M S T W M C A A C W I
P S M L U S S W Q A S L G L M
L X P A H T E O G R C L E T B
O J V U R G B I R I H I Z R E
C P I D K K H O Z C N L Z R C
A O A A N O I S N A P X E E I
L L N N C K O D M T R M N A L
S E D U V F P H T U L C I M I
N S S M B E T A P R I T X E T
I T E M E N D A T I O N S R I
P A K I O F K B U N G H O L E
P R E T A I T A R G N I G S S
Y G M M S N O I T P M E X E S
```

BLACKHEAD
BUNGHOLE
CARICATURING
CRAZIES
CROSSED
EMENDATIONS
EPOXYED
EXEMPTIONS
EXPANSION
EXTIRPATE
HEALER
HOOKUPS
IMBECILITIES
INGRATIATE
LAUDANUM
LOCALS
OBTUSER
POLESTAR
REAMER
REMARK
SNIPPY
VIANDS

Puzzle #100
Assorted Words 100

```
Y T V D D E C L A M A T O R Y
B T J G N I T A D I L A V N I
R E I H C T I B W A L T Z P H
R Q F V P H A L L U S E S A G
E G Z R I D S T F Z R B C Y J
L H A B I T U S R C Y G D C A
A E S L S E I S E O E Q Y H Y
T C L H L P N S A N P L Z E W
I C G O V I U D N T E H V C A
V H E I S E V D B E E C Y K L
E Y I T D N N A L H S S I J K
L M S S E N I T N I A D E N E
Y F R P J D I H R T U Y P P D
M V P L I N T H S A E B Y N H
G N I L L E N K S Q L D L S F
```

ATROPHY
BEFRIEND
BITCHIER
BUILDUPS
DAINTINESS
DECLAMATORY
DETECT
GALLIVANTED
INSOLE
INVALIDATING
JAYWALKED
KNELLING
NICENESS
PAYCHECK
PESETAS
PHALLUSES
PLINTHS
RELATIVELY
SENSITIVITY
SHINDIG
VENTRAL
WALTZ

Puzzle #101
Assorted Words 101

```
R Y L L A C I T S I G O L P K
I N Q U I S I T I V E L Y J H
B L A C I T A M M A R G K C O
P L A N N E D G P S T U B E R
D P S L L O R K N A B J K Y S
Z E C O N V U L S I V E L Y I
T V T S E I K L I M H W Z C E
W S G N I T T E U Q O C N U S
Q D E C I D Y L L I C X R P T
B G Y I Y A Q P L G Y U F A K
D Y S O T I F G R A W S E Y Z
T R I C E S Z X N P T H P F T
F O O T B R I D G E S W M I D
I Z P A T I N E H S R C O W G
Q V S E M I T E F I L V N L P
```

ARCHING
BANKROLLS
CONVULSIVELY
COQUETTING
FAINTED
FEISTIEST
FOOTBRIDGES
GAPES

GIPSY
GRAMMATICAL
HORSIEST
IDYLLIC
INQUISITIVELY
LIFETIMES
LOGISTICALLY
MILKIEST

PATINE
PLANNED
REBUTS
TRICE

Puzzle # 5
ASSORTED WORDS 5

```
     D         E T N A I L O F E D
S    E R C Y K    Y
R U  M E L L A  F
     E R S A K A T C   I
D A V I S N N S R E    L
G E D O V E K I S E S  L
N D M S A R C H I V E D O
     I I S   T I T N O E   M
Y       W R S O   S N E E    H
     L   O E S R    E E S    C
        I     B D I C   C R S
S E I T S A L P O I G N A F
            T     E   N    A
   C O M M A N D M E N T S
              C U R T A I L
```

Puzzle # 6
ASSORTED WORDS 6

```
    E S S E N E S U F F I D M
       T D Q D S          E I
       E S U E U O H    C   T N
F      X F M V I O O    E   T E E
L       E F M A Z R R N     R O F
I   T   C U O P Z B T       E R F
P     N   U B C     I E E A I I
P S H T E I T E N I N L D T C
A B O O K M A R K I N G L E I
N E M E R G E D    I   I S E
T G N U R T S N   X  A   N   N
L S A D I S T    O   L  G   T
Y N O M I R T A M T S       L
  J U N K I E S     A       Y
      H Y P E R T E N S I O N
```

Puzzle # 7
ASSORTED WORDS 7

```
      G N I D N A B S U H R M
         L A R E D E F S E I
I M P E R M A N E N T W N S C
       S T U N L E Z A H I D G O
P    C E I L I N G S N I O N
A  H C A O R P P A    G T V N
N D      C U S    R   S I E I
T T E    E   T C M E    O R V
H  S D   N L   G O  B N N I
E I   E N T I P S R R    U S N
I  G    H E   A M H O I    A G
S    H   S T    H U R W N    D
T       E I A T    C R U T G
S         S   R A     C N H
              T   B           K S
```

Puzzle # 8
ASSORTED WORDS 8

```
V I G I L S P A L P A T I O N
          T N E I C S E R P
S E N I L T S A O C G
  N E G O R D Y H T R A E H
        C O N D I T I O N I N G
S M R I F F A   G I N S E N G
       P O R T R A Y A L S
    C A N N I B A L I S M     I
T A N G L E D Y N Y G O S I M
H     S O L L I D A M R A G
  E  S E D E C C A            G
M E A N I N G S               E
M U R D E R E R S C A T T E R
     Y     S T N A D N O F Y
     D I N E R E R E E H S
```

Puzzle # 9
ASSORTED WORDS 9

```
    W   E N A C T M E N T    
I   I       S R E D A V N I  
N G N I T C U R T S E D      
C M C S       C D E T A E L P T
I O E T S     U A N         H
N D   O   I     R   G       R
E E   N     T G   C L   I   D E
R R   I     U M H   E   S I A
A N S E L K N A A     W   O D
T I   S       S N O L O C C C
E S   T         G A       E  
  T     S U O R P E L U     S
C H I N C H I L L A S Q   E  
  Y L R E B O S       A      
Y L L U F T H G I L E D      
```

Puzzle # 10
ASSORTED WORDS 10

```
G N I H C N U P   D E F F U M
D E T I B I H X E         D R
S     G N I R E H T A E F I E
    E A R T H E N W A R E P S D
G N I R O L P E D       U C E
S R   C Y L L I S   L   R O V
H E S R A   D E L P O E P N E
O H H O Y R         V   O T L
V A R S S L C A S H E D R E O
I B U S U T I U   C S   T N P
N B G W N O T K A R     E T M
G I G A K K R   W E     D I E
  N E L E E I     A R   L N N
  G D K N S C     K G U Y G T
      S E D A G E N E R B    
```

Puzzle # 11
ASSORTED WORDS 11

```
    S N O I T A V I R P E D  
  S E T A T I V A R G        
  L D E S E G R E G A T E D N
  A     D E X O M M U L F   E
  V   G A B E R D I N E S   W
C E   N O I T U N I M I D   S
R R C O N Q U E R E D       L
O S S H P A R G O E R O H C E
I B   S N E M K L I M       T
S A T T E N T I V E N E S S T
S I S E S I C M U C R I C   E
A T       B D E C N A U N   R
N E       W O R S H I P E D  
T D E I N O H   O       P    
S L L E S E R     B         A
```

Puzzle # 12
ASSORTED WORDS 12

```
  N   L A C S I F     H      
R   O   P O D I U M S O      
E   B S   N         D S E H  
F L I A I F     A     I T X Y
I Y N   R A     R   M E T P P
N N B     B I   C     I S O O R
A C R     B A L H H N S R C I
N H E A D E D R D     I I T R D
C I D   L D       I   S N I I E
I N       W       O A H G O T D
N G         A   C   N     N E
G S P O O W S Y E       S   S
    D E G G E P T S I M A G I B
      D E B R I E F I N G S  
        S E L B M E S S I D  
```

Puzzle # 13
ASSORTED WORDS 13

```
            G N I L L E P S S I M
S U R Y P A P T H E A T E R E
        D I A L I N G S       X
A   O V E R T H R O W         E
    D       H K O O B R E V O C
M   V N E Q U I V A L E N T S
R A I E O       M             L
    E N G N I N O I T P A C   I
      T S   T S     W D       T
      A A A     U N   I I     T
      G   W R     R A   T F   I
        E       D   E P   C I N
G N I T F I H S     R X   H E G
          E T N A T T E L I D
P R I S O N E R S
```

Puzzle # 14
ASSORTED WORDS 14

```
          G N I W E R C S K R O C
L   R E I L T S O H G             O
T E E W S R E T T I B             N
D   C       E N E E D I N G F
R F T X   S L L   L               E
U I   I E   M A D   A             C
G Z   M D B U U N   H             T
G Z S N A I R A U Q I T N A I
I I     R Z L     R N E K   I O
S E     C Z         B I O       N
T S     H Y           E T C     E
S T     W     S E L A P L N     R
Y R E K A B A N A L E R L O
        Y   L O N E R S         C
    D L O H E S A E L
```

Puzzle # 15
ASSORTED WORDS 15

```
R H Y D E Z I T I S N E S E D
  O T L D             Y       R
S   T R S E C U D N I L       E
    N   U I U Z         X     A
R   E   N B O T             A M
E G   G   D E M I T S I M     L
M P N   I   S R O L           A
O P A I N T E R S N B         N
V   R N E N B U C O L I C D
E       E I M A       T   S
R         ' S A E         U W
S       C O N T R I V E S A
P O S H I N G   P I       R
F O R E W O R D   A E     M
S L E E T I E R     C S   S
```

Puzzle # 16
ASSORTED WORDS 16

```
M A S L A T N E M U R T S N I
O P C S E I T I N I F N I
C E   C       B I G W I G S
C R   N E Z A R B D E S R U P
A C S D   L Y I P P E E S L
S E   T E C E           C E M
I N   E N I H R Y V O O R G E
N T K   M E F E A       I I N
S I R   C M I E T       P S I
  L O E   A E W L R E   T L N
    E N   V N   E O P I D U A G
    S E   D   D D M N R T I
      R   O A       N A E E T
G N I T A R G I N E D E   S I
    D E N O U E M E N T S
```

Puzzle # 17
ASSORTED WORDS 17

		G		P	S	N	O	I	T	A	L	B	O	
	M		N	S	E	O	D	A	C	O	V	A	F	
S		U	C	I	R	R				E			U	
T		S	T	H	N	E	I			R			N	
E	C		W	I	U	I	T	L		D			D	
E	C	W	H		I	L	R	H	T		I	D	A	
P	U	O	L	A	T	N	A	C	C	I		C	E	M
L	R	C		I		G	T	H	A	F	T	I	E	
E		K		K		R	D	E	E	Y	M		G	N
J	E				S	D	E	E	R	G	A		N	T
A	R			C			D	H	S		R	E	A	
C		S	S	L	A	C	O	V		C		D	L	
K	E	T	A	C	I	D	E	M			T		L	
S	S	T	S	I	T	T	E	R	B	I	L	E		Y
S	Q	U	I	N	T	E	V	I	T	S	E	R	F	

Puzzle # 18
ASSORTED WORDS 18

T					F	A	I	T	H	S			S	M
C	S	C					S	G					T	U
E	L	E	L	C	B	D	R	N					I	T
N		A	I	I	I	D	N	E	I				G	I
T	O		T	L	T	N	E	I	B	Y			M	N
E		I		N	T	O	C	N	K	B	A		A	Y
R			T		E	R	R	H	O	N	A	L	S	I
				A	R	R	O	I	I	R	A	J	F	N
					N			P	S	N	H	M		G
	S	S	E	N	T	I	W	E	Y	E	G	T	U	
U	P	S	I	D	E	S	M				S		E	H
B	L	A	B	B	E	R	M	O	U	T	H	S		D
	H	O	T	T	E	S	T	B						
		T	S	E	I	H	T	A	E	R	B			
	G	N	I	Y	A	C	E	D						

Puzzle # 19
ASSORTED WORDS 19

	D	E	T	A	I	R	O	C	X	E				
A				S	G	N	I	V	I	D	E	S	O	N
B	L	U	F	F	E	R					F	C	B	
M	O			L						E	O	I		
I		S	N	O	I	T	A	M	A	L	G	A	M	A
S		S	E	E		L		M			R	M	N	
A	E		T	N	R		A		S		F	U	N	
N	S	I	S	I	E	E		E		I		U	N	U
T	T	N	S	E	F	V	W	S	M		D	L	A	A
H	A	A	O	A	I	M	N	O	W	E		L	L	L
R	M		V	I	T	F	O	O	L	O	C	Y	L	
O	P			E	L	S	F	C	C	L	T	E	Y	
P	E			R	L	C	I	S		E	W	I		
E	D				N	E	E	J	I		M	O	P	
S	E	E	T	U	S	R	I	H		D				K

Puzzle # 20
ASSORTED WORDS 20

P	D			Y	B	B	A	R	C					
O	E				D	E		T					L	S
T		T	N		O	N	D	O	P	E	Y	E	C	
A			A	A		U	C		N			G	O	
S	F	A	C	U	L	T	Y	C	L		E		I	T
S		G	A	D	L	U	U	S	H	O		D	T	C
I		S	I	U	E	A	M	G	P	I	S		I	H
U		E	N	G	L	M	I	N	E	N	E	M	A	
M			S	K	U	D	B	S	A	L	G	A	U	
F	R	A	M	I	N	G	S	R	S	S	S	R	L	T	N
	S	A	L	V	E	O	T	U	K	I	O	I	C	
	P	A	R	S	N	I	P	E	E	C	I	D	N	H
N	O	E	G	R	U	S	X	S	R			N	G	I
			Y	F	I	T	N	E	D	I			S	N
	H	O	M	E	T	O	W	N	S					G

Puzzle # 21
ASSORTED WORDS 21

D	E	S	S	O	R	C	S	S	I	R	C		I	
		G	R	A	V	E	L	I	N	G			N	
B			Y	E	U	L	G	N	I	R	I	A	P	T
	E	S			B	N	A	M	S	E	N	I	L	E
A	M	A	L	G	A	M	A	T	E	S			R	
P	T		U	U	D	I	A	R	R	H	E	A	R	
U		R		T	M		H	C	T	A	W	S		O
L		O	S	E	S	O	P	M	O	C	E	D	G	
V			P	C	O	N	N	I	V	E	R	S	A	
E		C	O	M	M	U	T	A	T	I	V	E	T	
R	T	N	E	R	R	O	T	S				E		
I	D	E	Z	I	L	A	C	O	L				D	
Z	Y	R	A	N	E	C	R	E	M	Y				
E	L	A	C	I	H	P	A	R	G	O	E	G		
S				G	L	I	T	T	E	R	I	N	G	

Puzzle # 22
ASSORTED WORDS 22

F	N	O	I	T	A	L	O	P	A	R	T	X	E	
I				G	N	I	Y	S	E	O	P			
R	S	N	O	I	T	A	S	R	E	V	N	O	C	R
E			B			S	T	E	P	P	E	D	E	
B	V		U		F	L	A	I	L	E	D		C	
O		I		L			M		T			E		
M		T	W					Y			U	D		
B	S	E	S	A	C	K	N	A	R	C	T		C	I
I	M	E		R	R			S	H	A	H	S	N	
N		N	K	D	E	Z	Z	I	H	W		I	G	
G	R			S	S	E	N	L	L	I	R	H	S	C
	K		D	E	T	C	E	F	F	A	S	I	D	
	S	N	U	B	S	M			G					
	T	F	A	R	D	R	E	V	O	E				
		S	E	T	A	I	D	E	M	D				

Puzzle # 23
ASSORTED WORDS 23

			H	C	T	E	R	T	S	E	M	O	H	
L	G	N	I	K	I	H	H	C	T	I	H			
A	N	O	I	T	A	V	R	E	S	N	O	C		
B				N	O	I	T	A	R	E	D	O	M	
O		G	N	I	S	I	H	C	N	A	R	F	N	E
R		N		C	L	A	S	S	Y					
I	M	B		I								C	P	
O	I	E	E	N	T	A	I	L	I	N	G	B	A	H
U	N	S		S	E	G	A	R	E	V	E	B	O	
S	S	E			K					A	L	T		
L	T	T		N	O	I	T	C	A	E	R	C	I	O
Y	R	S	E	B	I	B	M	I	O			H	N	E
	E		S	E	E	T	F	A	R	D		G	D	
	L			E	M	I	T	L	A	E	M			
	I	N	S	E	C	U	R	E	L	Y				

Puzzle # 24
ASSORTED WORDS 24

			R		Q	U	A	D	R	U	P	L	E	S
				E	R	O	M	R	E	V	E	R	O	F
		G				T			F		K			
E	C	N	E	I	R	E	P	X	E		C			
		I	C			E			R			O		
C		N	A			L				T		J	O	
R	O			O	R			F			I		R	
O	L	A		Y	F	I	N	O	S	R	E	P	L	I
W		I	L	S	E	I	S	I	A	D				E
S		G	E			S	V						N	
			H	S			I	O					T	
	S	S	E	N	T	C	A	X	E	M	R		A	
	S	T	O	D	G	I	E	S	T		M	O	T	
	M	E	R	G	A	N	S	E	R	S	O	U	E	
		S	L	I	N	G	S	H	O	T	C	S		

Puzzle # 29
ASSORTED WORDS 29

O	O	P	M	A	H	S	T	Y	R			
S	C	I	N	T	I	L	L	A	F	E		
S	H	R	I	V	E	L			I	I	D	
S	R	E	V	O	T	F	E	L		L	R	N
S	T	S	O	P	P	M	A	L		O	A	A
M	E	N	T	A	L	I	T	I	E	S	R	C	S
V		A	S	E	T	U	H	C	A	R	A	P	S
S	I		L	G	N	I	V	O	R	P	S	I	D
U		Z		L			E	V	A	R	G	N	E
B			O	G	A	A		D	E	T	T	I	N	K
J			R		C	G		R				
E			O		S		R		T			
C			U		D	E	I	S	P	O	I	B
T	F	O	O	T	N	O	T	E	D			
S	E	S	I	T	C	R	A	P				

Puzzle # 30
ASSORTED WORDS 30

M	S	I	R	A	I	G	A	L	P			
	L	O	U	D	N	E	S	S		J	N	
N	O	T	I	O	N	A	L			A	O	S
D	E	N	I	A	D	S	I	D		B	M	N	I
S	E	T	A	R	U	G	U	A	N	I	A	M	E	N
	L	E	X	A	G	G	E	R	A	T	I	N	G
	Y	L	L	U	O	F			D	T	N	T	E
	L	L	A	Y	R	R	A	C	I	L	G	I	R
D	R	U	B	B	I	N	G			C	E	S	T
C	L	I	P	P	I	N	G	S		K	M	N	I
G	A	S	T	R	O	N	O	M	Y	I	E	A	E
	S	E	S	U	F	N	I	E	N	R	S	
F	A	I	N	E	R			N	S	T	L	O	B
	T	S	E	D	N	U	O	R		A	S	E	
S	R	E	T	S	N	U	P			C	D	

Puzzle # 31
ASSORTED WORDS 31

	P	G	N	I	D	D	U	T	S		R	
R	F	S	M		Y	L	E	F	I	W	L	S	E
	E	L	S	A		N	C			U	O	C
	A	R	A	E	C		I	H		X	R	O
	R	S	U	N	N	N	Z	O		U	C	N
P	F	S	R	S	O	T	E	I		R	E	S	H
S	U	O	R	O	V	I	N	R	A	C	I	R	T	E
O	L		E	T		T	U		A	E	I	L
R	A		E	A		N	L		T	R	T	I
I	N			J	R		E	B	E		U	U
A	K	Y	B	B	A	H	S	E		V	D		T	M
S	I	M	E	L	B	O	R	P	T		N		E
I	E		S	N	I	P	G	N	I	K	O	S
S	R	P	E	N	S	I	O	N	E	D		C
		E	C	N	A	T	S	N	E	P	P	A	H

Puzzle # 32
ASSORTED WORDS 32

X		H		S	R	E	H	S	U	P	
	U		C	D	O	R	M	A	N	T	
S	T	O	L	E	N	N	E		B		
		F		U	N		O			
J	O	T	T	I	N	G	S	L	O		B		N
T	H	I	N	N	I	N	G		Z	T		I
D	E	I	R	T	C	A	V	A	L	C	A	D	E	B
	C	I	M	E	L	O	P			I	L		B
	G	O	G	G	L	E			L		B	I
	G	R	A	V	I	T	A	T	E	D		R	N
	S	K	C	I	R	P	N	I	P		A	G
	S	D	R	A	P	O	E	L		C	C
Y	R	E	L	L	U	C	S			X	K
S	K	C	A	R	C	H	A	N	N	E	L	L	E	D
S	N	R	O	B	W	E	N	D	E	N	N	I	T

Puzzle # 33
ASSORTED WORDS 33

```
  S T     D S R E G N I R R E D
  T M E X E D O C             I
  I A   L     D R T           E
  F N     P     L E A         T
  F G L S   A   O I R         I
I E L I   R D C     F K E     C
N S E C I F E N E B D C M     I
V T S K     Q T   O     N I U A
E G N I M M U G A W       I P N
T T O N       A     E       L S
E A O G     C       L H       B
R K Z S     Y   R O G E R E D
A I E S E V I T P M U S N O C
T N S E C N A V I R T N O C
E G G N I M R O T S N I A R B
```

Puzzle # 34
ASSORTED WORDS 34

```
        D R A H C R O
S   R   G S     O               S
U A   E   N M S P S Y C H O O
  N W   I     I U T   I         B
S E C D M R     L R U     G     R
S E L L U O A     L D B   N     I
  T L Z A S V W     E N B     S Q
P   N F Z S T E     X V U L     U
I O   E F U P S M T     A N Y   E
G   T D I A M E T E R S R O   T
T     S   R N     D R N       G C
A         N   O S     O   T
I V I C T U A L       U     S
L       N I G H T S H I R T
    P E R S I S T
```

Puzzle # 35
ASSORTED WORDS 35

```
T N E M T S I L N E           S
    S E N O T S H T R I B     H
        B O R R O W           O
E     G   B I     F I Z Z I E R
  X   S N R     S E           T
M L O   S I K   N B           E
I   U T   E P C M E O         N
L Y   L I F N O A I C R       I
D G   L C D I O S D S C       N
E E   E   A S E G C Y G A I   G
R   L   L S B   V G     N E   M
      E   E   Y   A A     N T
            E S         P B U
    C O N T R O V E R T S     G
              C R E I T H G I M
```

Puzzle # 36
ASSORTED WORDS 36

```
    R H E T O R I C A L
D   I     S     S O T R A M S
S E A N Y H O W     E O
  E T Y V     R       I D
    S A L E S   G     R O     C
C T   S R T R R S E       E O O
O N S   E O I S E R L       M V
M R O I G N M C I I E L     D E
P   E I C N I E I O L D A I   T
A     G L I I S M L N L N R O
N       R L R L U M P S O E   U
I         E U Y G B O M     C S
O           M M L N     C I T L
N   E I Z O O L F R A Y S L   Y
S W I N D L I N G         J   Y
```

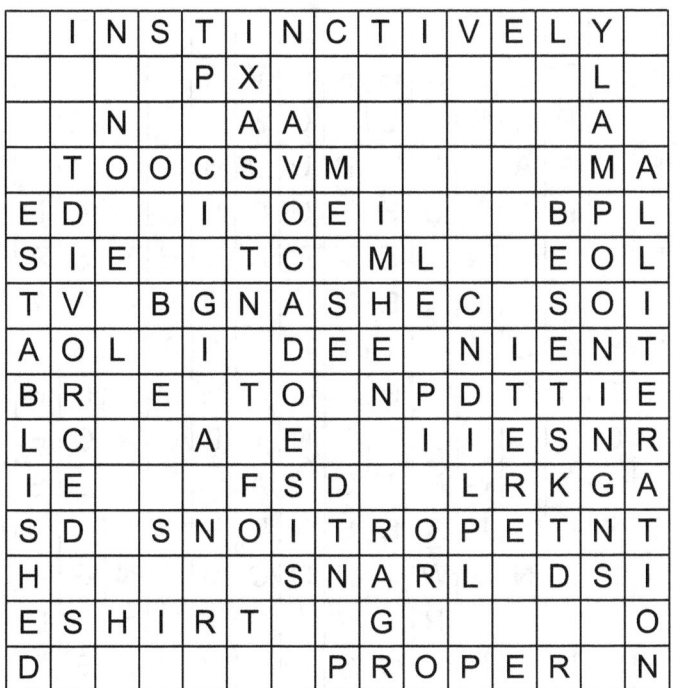

Puzzle # 49
ASSORTED WORDS 49

```
. . . D E N O R I . . . . .
. . M C S X S E I Z U R E S
. . . O D T I . . . . . . .
. S . N D . N E N . . . . .
. . S D S E . A N K . . . I
C A T H E T E R S L D E . N
N . . M N . H A E N I R . S
. O . . N . E C T H I B S I
Y L I D N A H R . T O S A L D
. . X . . . A . U R U M E
S A I R E T S I W B . R S H S
. G . . N . R E J O I C E D
N O I T A N I M R E T E D .
. . . L . M O D E R N I T Y
. . . F U N C O U P L E . .
```

Puzzle # 50
ASSORTED WORDS 50

```
. . S . S G . R . . H . . . .
. . C D E L T . E . A . . . B
D . I . M O S . F Y . . E L
S I . M T . I W E . I . . X A
W E S W A E S T W G N E . T S
E F R I A R H E N O G . H E P
T O . T N T A T L E R I . R H
L O . I T O U S D T M B M E
A T . . O E M D E O F S I M
N W . . . G G I S A O O N O
D E D D I R G . R Z . N . A U
P A T C H I N G . A E . A T S
. R S E I L R E V O T R . O L
M A L F U N C T I O N E S R Y
. S E I L O P O N O M S . . .
```

Puzzle # 51
ASSORTED WORDS 51

Puzzle # 52
ASSORTED WORDS 52

```
. . N O T A M O T U A . . . .
. I N C O M P E T E N C E M .
. . . . S R E D N I L B A . .
D E T A N O B R A C . . N . .
C H A M P I O N S H I P G G F
S A L B A C O R E S . . U L R
D L H . D M T O R Q U E I E
N L T S T E H C O R C S N N
. A I U . D R G . . . S G Z
. . L R R . E N . . . I . I
. . . M H T . D I . N . . E
E S T I M A T I N G L C G . D
. P R O F F E R E D . U I . L
G N I N E K R A E H . O D Y
M O R A L I Z E D . . . B . .
```

Puzzle # 53
ASSORTED WORDS 53

Puzzle # 54
ASSORTED WORDS 54

Puzzle # 55
ASSORTED WORDS 55

Puzzle # 56
ASSORTED WORDS 56

Puzzle # 57
ASSORTED WORDS 57

Puzzle # 58
ASSORTED WORDS 58

Puzzle # 59
ASSORTED WORDS 59

Puzzle # 60
ASSORTED WORDS 60

Puzzle # 61
ASSORTED WORDS 61

```
    S E H C T O C S P O H
    E T A R E V E S S A
        S         P U R P O S E D
    E C E I P R E T S A M
H       S   B             O
H O   E     S L           L O
P U L   N G U A R D R A I L S
R Y M O   I F D B       S G E R
I   L I G C L E R G Y P A A E
V     M D R O C         O R G P
Y       E I A   E       O C I H
          E T P     R   N H N R
S I N N E D S Y H       E I O A
  P R E A C H I N G     D C U S
  R E P L I C A T I O N   S E
```

Puzzle # 62
ASSORTED WORDS 62

```
R E R O S Y K C I N I F
E C N E R E F R E T N I       P
T   G N I N O I S A C C O     R
A         F U M I G A T E S E
R         E M B R A C E D     P
D   H E M O R R H A G I N G O
N O I T N E V A R T N O C     S
S   E T A P I C N A M E       S
H S M U R B A L E D N A C     E
O   G R A N D P A R E N T     S
U E N I R T C O D E T T O J S
T   G N I Z I M O T I P E   E
E I M P A R T I A L I T Y     S
D S A Z A L P   T A B O O E D
L A C I H C R A R E I H
```

Puzzle # 63
ASSORTED WORDS 63

```
      D         D E T I R E H N I
E D S N E K C I S C
M M E   A J U R O R
U   P I D B       A O
T     L D I A     F   D   W
I         O N S R   T     N E
L N   S   Y A C T I       I H
A     N   T   E R R N     R E
T   R E T S A O B E O     D A
I         D U R     S D C   O D
O           O O   S     I   S W
N                 Y W       T   I
        G N I S U C U A C   E N
M I S R U L I N G B             D
        E C N E C S E D N A C N I
```

Puzzle # 64
ASSORTED WORDS 64

```
I N E S T I M A B L Y
    N D I S C U S S E S
C A L C I F Y I N G           I
    A P P A L S E N A T O R   L
        S   C A B B E D       E L
    L D   D D   K             C U
M   A E   N E   L             L M
I   C C R   A L C A D U C E I
D   H I E   S F               C N
S   A U T H O R I Z E S T A
U       C S P   E R           I T
M       K Y I   P T           C I
M J O I N E R S M C   M       S O
E X E R T S L L A B E S A B   N
R L I F E S T Y L E S D O R   P
```

Puzzle # 65
ASSORTED WORDS 65

		S	L	A	M	I	X	A	M			
L	S		C	S	K	R	A	L	W	O	D	A	E	M
S	O	E		A	G	E	E	T	N	E	S	B	A	B
S	G	D	C	N	I	N	S	T	N	E	C			R
	G	N	G	E	A	S	I		I					O
S	G	N	I	E	I	M	E	R		O				W
	L	N	I	R	R	P	S	N	E			P		B
N	G	A	I	D	T	S	R	E	M	T			P	E
E		N	M	L	L	S		E	N	A	S			A
U			I	I	D	E	T	A	T	I	G	O	C	T
T				L	N	R	G	R		N	L		F	I
E					I	A	U		A		E			N
R	E	I	D	A	E	T	S	C		E		C		G
S		E	R	U	T	A	E	F			H			
			D	E	M	A	G	O	G	U	E	R	Y	

Puzzle # 66
ASSORTED WORDS 66

				D	E	D	O	M	M	O	C	S	I	D
F	B	D	E	F	E	A	T	I	S	T	S			L
L		I	E			K								A
O			R	Z	G	N	I	N	I	L	T	U	O	T
W				C	I	S	S	L						I
E	I	G	H	T	H	L	E	O	D					T
R	E	G	N	I	S		A	U	H	O				U
B	D	E	V	O	O	R	G	T	G	C	G			D
E		J				E		U	I	N				E
D		A	F			I			R	T	O			S
S		C		E	N	O	D	N	A	B	A	H		
		K		L				W				F		
		E			T	Y	D	U	O	L	C			
	S	T	N	U	P		S	L	E	P	R	A	C	
		S	E	K	O	R	T	S	Y	E	K	B		

Puzzle # 67
ASSORTED WORDS 67

S	D	R	A	O	B	R	A	T	R	O	M		
H	E	L	I	C	O	P	T	E	R	I	N	G	
S	T	R	A	T	I	F	I	E	S		D		
C	D	E	V	O	R	P	E	R			G		
	L	E			S	P	I	L	L	A	G	E	
C		A	N		S	Y	R	E	N	E	E	R	G
	O	S	I	N		E	L						
E	M	L	I	R	A	G	I	R	E	G	D	U	B	I
N	A		O	S	V	P	N	D	E	R			M
T	T		S	I	O	D	I	E	T	O			A
W	U			S	R	Y	A	P	M	T	W		G
I	R			U	C	A	E	I	O	I	S	I
N	E			S		N	D	R	C	B	N	
E	S		F	R	O	N	T	E	D	T		T	G
S	E	A	S	H	O	R	E		S		S		S

Puzzle # 68
ASSORTED WORDS 68

S	I	S	E	H	T	N	E	R	A	P		C		P
	S	E	T	A	T	I	D	E	M			O	T	U
			U			A						N	E	F
P	S		B	R	O	C	H	U	R	E		U	N	F
O	P	G		R	D	V			B			N	D	B
L	E	E	N	G	A	E	E	K		E	D	E		A
Y		V	R	I	N	Y	M	D	A		R	R		L
E	S		I	K	L	I	E	I	E	E		U	E	L
T	P		T	I	L	K	D	M	B	P	M	S	C	
H	E		A	E	A	E	I	C	W	O	B	S	T	
Y		L		S		V	S	H	I	O	T	U	E	
L		T	T	T	Y	I	T	S	L	B	N	R	B	
E			I		I		R			O	B	A	D	
N		N	T	N	C		E			R	L	P		
E			G		G				D			F	Y	

Puzzle # 85
ASSORTED WORDS 85

P	W			R	S	G	N	I	K	L	A	T	S	
E	S	H		D	E	H	G	I	S		T	R	T	
R	O	S	I		S	R					R	E	A	C
I	L	R	C	T	G	R	E				I	M	R	A
O	A		E	A	S	N	E	V			K	B	R	L
D	R			M	N	C	I	L	E	R	E	L	I	L
	I	G	P		M	D	F	T	T	S	S	I	E	I
P	U		E	A		A	A	R	I	S		N	S	G
O	M	D	P	L	I	U	R	L	E	D	U	G	T	R
L			I	O	L	R	T	G	O	A	E	R		A
L				S	I	A	W	O	O	U	K	R		P
E	B	O	A	S	T	S		I	O	R	S	I	C	H
N						A	E		S	R	P	L	E	E
							F	S		E	P		Y	R
								F				U		

Puzzle # 86
ASSORTED WORDS 86

S	E	T	A	L	A	C	S	E	E	D				
A	E	H	G	A	N	D	A	N	T	E	S			
L		Z	U	N	T	N	E	M	T	R	A	P	E	D
I			I	M	I	A	S	N	E	A	K	I	N	G
V	S			E	I	U	C	D	E	N	E	V	A	R
A	S	N	N	G	S	L	S	I		Y	I			
T	M		I	G	N	D	I	D	N	B		N		
E	A		T	K	N	I	E	A	E	O			G	
D	R		W		P	I	T	T	T	D	M			
L	T		I			A	R	R	T	I	L	R		
	E		T				N	U	E	E	O	E	A	
	N	D	S						G	S	R	N	M	H
E	S	U	O	H	T	H	G	I	L	U	N	F	S	
				M						M	A	I	N	S
		I	N	T	E	L	L	E	C	T	U	A	L	

Puzzle # 87
ASSORTED WORDS 87

	H				S	P	O	I	L	S	P	O	R	T
	O	P						S	L	U	M	M	E	D
	M	O				D			O	K	G	N	I	G
	O	U	M	E	R	C	E	R	I	Z	I	N	G	
	G	R			G	N	I	H	C	N	U	A	L	
	E	I	A	T	T	R	A	C	T	I	V	E	L	Y
H	N	N	T	S	E	I	B	B	U	R	H	S		
	E	G	D	E	O	D	O	R	I	Z	E	R	S	
	I	M		S	E	V	E	E	P	S	U	B	E	Z
	T	K	M			E	X	P	L	O	D	I	N	G
	Y		R	E	E	M	B	A	L	M	I	N	G	
				O	D	I	A	G	N	O	S	T	I	C
	S	I	N	E	W	S	O	D	O	M	Y			
					S	E	N	I	T	L	A	S		
				Y	C	A	R	C	O	E	H	T		

Puzzle # 88
ASSORTED WORDS 88

		T		N	O	R	T	H	E	R	L	I	E	S
			N				G	R	A	P	N	E	L	
S			I	E			C							
H	R			N	M	T	H	A	N	D	F	U	L	S
E	S	E	I	D	S	N	S		M	I				
M	T	N	T	N	E	E	G	E		P	A			S
O	A	M	O	N	F	Y	N	I	K		E	L		U
R	P		U	I	E	E	E	S	L	N		S	P	B
R	E		G	Z	T	M	R	N	I	A	U	N	T	S
H	W	P		L	Z	A	I	E	K	B		R		I
A	O		Y		Y	L	U	R	N	C	L		D	D
G	R			H		P	E	Q	E	T	A	E		E
E	M						H	D	E	P	I	H		D
H	I	G	H	F	A	L	U	T	I	N	X	A		
		P	A	R	L	A	N	C	E	C	E	E	L	F

Puzzle # 89
ASSORTED WORDS 89

```
. . D E Y A T S T U O . .
. . . H A T E F U L N E S S
S Y . R E O R G A N I Z E .
E R U T I E F R O F . . . .
. D E L I B E R A T E L Y R
S . H F M . . . C . . U F .
P S E S S O R T A B L A F U
A . . T A R O . S . O F R .
R Y T P M E W E F . E V L L
K . . . . N H H E . V . E O
L . . . . . O S A D . I S N
E T I L O P M I Y I N . L G
R O B U S T E R . A D D . O
. . . . G N I Z Z U B . . .
. G N U R T S M A H . . . .
```

Puzzle # 90
ASSORTED WORDS 90

```
. . Y L S U O R E T S I O B .
T S E I T T A H C . . . . . .
Y Y . . R R R D N . . . . . .
S L T . A E E E E E U S N E
H T I I . N B P C L I . . . .
O T O S R D . T M X O Z D . .
D G C H A O E F I U E I Z U .
D L . I S E H P I V N . L I A
I A . E D P U T U E I T . E S
N D . T E U Q U R L R U . . D
E I . F A R M Y A R D A O . .
S O . . I P . . . . . I I L .
S L A U X E S P A Y E D H N S
W A R I N E S S O . . . C G .
. S . L U N C H E O N E T T E
```

Puzzle # 91
ASSORTED WORDS 91

```
S N O I T P E C R E T N I . .
A . . D E I R R A C S I M . P
S H T N E V E L E . . . . . A
P . P G . D . G N I K I L R .
H R R E N T E R T A I N E D T
A E O . . I Y T E C . . . . I
L T P . . N N T I H I . . . A
T R E . . A E I D T D . . . L
E I R . F . M D L A A R . . .
D B T . L U F W A L A R O E .
. U Y . U . . R O N T G V . .
. T . D E T A C U D E B A X .
. I . S D E K C U P M M B E .
. V . E Q U I P A G E S A E .
. E . S R E P P O H D O L C .
```

Puzzle # 92
ASSORTED WORDS 92

```
P . . . I N F O R M A N T S . .
O S H O B B Y H O R S E S . . .
R E . W Y . . S X . . . . . . .
T D . . E L . . M Y . . . . . .
F A S . . F S . . U C . . . . .
O T . E G S T S G . T C . . . .
L E . N N S S E N D A O R B . .
I D . . U I E U L I . D C . . .
O . . . . T T N B H P . . . . .
S R E T F E D R T I I T P . . .
B A R R O W S S O A P N I O . .
. D R A W K W A R F V P I A B .
. S L U G O M . . A S A O M F .
P I C T U R E S Q U E I R H . .
. F I L L E T E D T M C C . . .
```

Puzzle # 93
ASSORTED WORDS 93

Y				M	U	M	M	I	F	Y	I	N	G
	L		S	E	I	R	E	V	I	L	S		
		S	L	A	S	O	P	O	R	P	U	I	
G			A	S					S	D		S	
H			G	C	E	S	D	A	E	H	E	B	P	E
E	T	E	R	N	I	T	Y			E	K		R	R
T	S	N	R	E	I	T	A			D	I		O	G
T		E	A	O	I	H	A	T			C		G	E
O			X	C	N	S	T	M	I		K		R	A
A		G		P	I	G	M	Y	A	R			E	N
S			O		O	X	I		R	R	R		S	T
T				R		T	O		L	E	D	I	S	S
I					G		S	T		F	V		I	
E		S	M	I	L	E	S		N			E	O	
R					D	E	R	I	U	Q	N	I		

Puzzle # 94
ASSORTED WORDS 94

	G	N	I	L	O	H	N	O	E	G	I	P		T
S	M	O	T	H	E	R	S	D						O
		S	N	O	I	T	C	E	R	R	O	C		S
					C		L	S	E					S
S	E	S	R	E	V		O	I		R	M			I
Y	G	N	I	L	I	O	P	S	E	D	A	A		N
S	F	G	N	I	S	A	C		I		E	O	R	G
P	F	I	N	A	L	I	Z	I	N	G		D	H	F
H		M	L	A	I	R	S	I	C	K	N		I	
E		U	P		D	I	O	R	E	T	S	A	T	
R			T	M	P	U	L	L	B	A	C	K	S	
O				T	E	Y	A	W	E	S	U	A	C	
I					E	X								
D		S	E	T	A	R	E	P	U	C	E	R		
	D	E	T	A	M	O	T	U	A					

Puzzle # 95
ASSORTED WORDS 95

		S	S	E	N	N	E	K	N	U	R	D		P
H		F	R	E	T	A	I	N	E	R	S			L
	S		F		Z		G	N	I	L	A	E	V	A
E		A		U		I	D	E	P	P	O	L	S	G
N	O		B		L	Y	R	E	C	N	A	H	C	I
T	M	B		A		B	L	O	W	U	P	S	S	A
R	N		E		L	R	S	Y	H				A	R
E	I		S		A		N	A	T			C	I	
A	P		T	I	C	C	G	O	W	U		R	Z	
T	R			U	T		A		T	A	A	O	I	
I	E			O	Y	I			T	Y	S	N		
E	S	R	E	D	A	E	L	N			Y	A	G	
S	E	T	A	N	I	E	F	F	A	C	E	D	N	L
	N			S	F	F	A	U	Q			C		
	T		D	E	T	A	I	L	A	T	E	R	T	

Puzzle # 96
ASSORTED WORDS 96

	E	N	T	R	E	P	R	E	N	E	U	R		W
W	A	R	M	E	S	T	G							I
R	H	A	L	L	U	C	I	N	A	T	E			F
D	E	P	R	E	C	I	A	T	I	O	N			E
F	E	R		D	O	P	E	R	A	T	I	N	G	L
	L	N	A		E					A				Y
S		E	O	E		D	S	T	S	O	V	O	R	P
T	A	E	E	E	D	E	N	W	O	R	C		M	
N	M	M	T	G			E	C	U	B	I	T	S	
	E	U	E	E	I			H						
Y		M	P	R	S	P		I	E					
	G		G		G	T		L		R				
	D	G	N	I	R	E	D	L	O	M	P			
		U		P		S	Y				P			
			P		T	C	N	U	F	E	D			A

Puzzle # 97
ASSORTED WORDS 97

	B	L	A	T	I	B	R	A	B	O	N	E	H	P
	I	B		S	R	E	S	I	H	C	N	A	R	F
	T	U			P	I	L	L	O	R	I	E	S	
	T	N	E	S	R	A	O	C		N				
	E	T	A	P	R	A	G	M	A	T	I	S	T	
G	R	S		L	H	A	M	S	T	R	I	N	G	S
	N	D	E	T	L	U	P	A	T	A	C		W	R
N	S	I		S		E			V				R	E
	A	K	G		S		P	E		E			I	F
		S	S	A		E		P	T	N			G	U
		S	A	A	R		N	P	A	E	A	N	G	S
			M	L	C	O		E		S	H		L	I
				O	I		F		M			T	Y	N
					O	Z	M	A	D	A	M		S	G
	P	U	R	E	B	R	E	D	S		L			E

Puzzle # 98
ASSORTED WORDS 98

O	B	D	U	R	A	T	E	R	E	A	D	I	E	D
	I	N	E	X	T	R	I	C	A	B	L	E		A
			C	H	R	I	S	T	E	N	I	N	G	S
B			T	S	E	T	C	E	R	R	O	C		S
	R					S	S	T	O	N	E	S		I
		I		A		D	E	K	R	I	H	S		M
			E	R		B	I	N						I
		F	B		A	F	M	A						L
P	E	R	I	L	I	N	G	S	E		I	L		A
			T	N		E	M				R	F		T
			R		G	M	A					G	E	
E	S	T	I	M	A	T	E	A	L					
G	N	I	N	O	R	H	T	N	E					
			Y				S							
	G	N	I	R	U	T	C	E	J	N	O	C		

Puzzle # 99
ASSORTED WORDS 99

	R		D		D	A	E	H	K	C	A	L	B	
R		E	D	E	Y	X	O	P	E					
	E		S		S			C	A					I
	S	M	L	U	S	S		A		L				M
L		P	A		T	E	O		R		E			B
O		V	U	R		B	I	R	I				R	E
C	P	I	D	K	K		O	Z	C				R	C
A	O	A	A	N	O	I	S	N	A	P	X	E	E	I
L	L	N	N		O			T	R			A		L
S	E	D	U			H		U		C		M		I
N	S	S	M		E	T	A	P	R	I	T	X	E	T
I	T	E	M	E	N	D	A	T	I	O	N	S	R	I
P	A				B	U	N	G	H	O	L	E		
P	R	E	T	A	I	T	A	R	G	N	I			S
Y			S	N	O	I	T	P	M	E	X	E		

Puzzle # 100
ASSORTED WORDS 100

Y			D	E	C	L	A	M	A	T	O	R	Y	
B	T		G	N	I	T	A	D	I	L	A	V	N	I
R	E	I	H	C	T	I	B	W	A	L	T	Z	P	
R		F	V	P	H	A	L	L	U	S	E	S	A	
E	G		R	I		S	T					Y	J	
L	A		I	T		S	R					C	A	
A	E		L	S	E	I	S	E	O			H	Y	
T	L		L	P	N	S	A	N	P			E	W	
I	C	G	O	V	I	U	D	N	T	E	H		C	A
V		E	I	S	E	V	D		E	E	C	Y	K	L
E		T	D	N	N	A	L		S	S	I			K
L	S	S	E	N	I	T	N	I	A	D	E	N	E	
Y				D	I		R	T	U			P	D	
		P	L	I	N	T	H	S	A	E	B			
G	N	I	L	L	E	N	K	S		L	D			

Puzzle # 101
ASSORTED WORDS 101

	Y	L	L	A	C	I	T	S	I	G	O	L		
I	N	Q	U	I	S	I	T	I	V	E	L	Y		H
	L	A	C	I	T	A	M	M	A	R	G			O
P	L	A	N	N	E	D	G		S	T	U	B	E	R
D		S	L	L	O	R	K	N	A	B				S
	E	C	O	N	V	U	L	S	I	V	E	L	Y	I
T		T	S	E	I	K	L	I	M	H				E
	S	G	N	I	T	T	E	U	Q	O	C			S
		E		I	D	Y	L	L	I	C		R		T
			I		A				G	Y		A		
				T		F			A		S			
T	R	I	C	E	S				P		P			
F	O	O	T	B	R	I	D	G	E	S			I	
		P	A	T	I	N	E		S					G
		S	E	M	I	T	E	F	I	L				

www.ingramcontent.com/pod-product-compliance
Lightning Source LLC
LaVergne TN
LVHW060326080526
838202LV00053B/4423